993

DEUTSCH ALS FREMDS

Petra Klimaszyk
Isabel Krämer-Kienle

Schritte 1
international

Lehrerhandbuch

Hueber Verlag

Quellenverzeichnis

Seite 78:	Fotos: rechts Nr. 3 und 4: MHV-Archiv (Dieter Reichler)
Seite 83:	Fotos: links © Österreich-Werbung/R. Liebing;
	2. von links: © by Switzerland Tourism;
	By-line: ST/swiss-image.ch; 3. von links:
	MHV-Archiv; rechts: © Hamburg Tourismus GmbH
Seite 88:	Zeichnungen: Gisela Specht, Weßling

Kopiervorlagen zu den Zwischenspielen: Ulrike Haas, München
Kopiervorlage L7/C5: Sylvette Penning-Hiemstra, Bremen

Fotos: Alexander Keller, München, Seite: 78 (alle anderen), 83 (alle), 86 von oben: 1 3+5, 106, 107

Symbole / Piktogramme

 Binnendifferenzierung

! Achtung/Hinweis

TIPP Methodisch-didaktischer Tipp

LÄNDER landeskundliche Informationen
INFO   über Deutschland, Österreich und die Schweiz

4.	3.	2.		Die letzten Ziffern
2011	10	09 08 07		bezeichnen Zahl und Jahr des Druckes.

Alle Drucke dieser Auflage können, da unverändert, nebeneinander benutzt werden.
1. Auflage
© 2006 Hueber Verlag, 85737 Ismaning, Deutschland
Zeichnungen: Jörg Saupe, Düsseldorf
Layout und Satz: Schack, Ismaning
Verlagsredaktion: Daniela Niebisch, Erding; Isabel Krämer-Kienle, Hueber Verlag, Ismaning
Druck: Druckhaus Köppl und Schönfelder, Stadtbergen
ISBN 978-3-19-021851-6

Inhalt

Das Lehrerhandbuch – Überblick

Konzeption und praktische Tipps für den Unterricht mit *Schritte international*

Schritte international basiert auf den Grundsätzen des Gemeinsamen Europäischen Referenzrahmens. Dieser wird zunächst kurz erläutert. Anschließend werden der Aufbau des Lehrwerks sowie die methodisch-didaktischen Grundlagen vorgestellt und beschrieben. Außerdem werden praktische Tipps zum Umgang mit wiederkehrenden Rubriken des Lehrwerks gegeben.

Methodisch-didaktische Hinweise

Die Hinweise zu den einzelnen Lektionen sind klar strukturiert: Zu jeder Episode der Foto-Hörgeschichte und jeder Modulseite A bis E finden Sie ab Seite 18 konkrete Hinweise zum Vorgehen im Unterricht sowie methodische Tipps, Vorschläge zur Binnendifferenzierung, landeskundliche Informationen und Verweise auf die Übungen im Arbeitsbuch.

Kopiervorlagen

Das Lehrerhandbuch bietet durch ein differenziertes Übungsangebot die Möglichkeit, den Unterricht auf die jeweiligen Bedürfnisse eines Kurses und die jeweilige Kursdauer abzustimmen:

- Zahlreiche Zusatzübungen und Spiele zu jeder Lektion erweitern das Angebot des Arbeitsbuchs (siehe Seite 72 ff.).

- Zu jedem Zwischenspiel finden Sie nachbereitende und erweiternde Übungen.

- Wiederholungsübungen und -spiele: Regelmäßige Wiederholungssequenzen sind besonders im Anfängerunterricht wichtig (siehe Seite 106 ff.).

- Testvorlagen zu jeder Lektion: So können Sie oder Ihre TN die Kenntnisse überprüfen (siehe Seite 116 ff.).

Anhang

Hier finden Sie die Transkriptionen aller Hörtexte des Kursbuchs und des Arbeitsbuchs sowie die Lösungen zu den Übungen im Arbeitsbuch und den Tests. Diese können Sie bei Bedarf auch für Ihre TN kopieren und zur Selbstkontrolle bereitstellen.

Konzeption – Rahmenbedingungen

1. Rahmenbedingungen

Schritte international ist ein Lehrwerk für Lernende der Grundstufe. In seiner Konzeption berücksichtigt *Schritte international* sprachhomogene Gruppen und eignet sich deshalb auch sehr gut für den Deutschunterricht im Ausland.

Die Komponenten von *Schritte international*

Schritte international führt in sechs Bänden zur Niveaustufe B1 des Gemeinsamen Europäischen Referenzrahmens:

Schritte international 1 und *Schritte international 2*	→	Niveaustufe A1
Schritte international 3 und *Schritte international 4*	→	Niveaustufe A2
Schritte international 5 und *Schritte international 6*	→	Niveaustufe B1

Jeder Band enthält das Kursbuch und das Arbeitsbuch sowie eine CD mit den Hörtexten des Arbeitsbuchs und interaktiven Übungen für den PC. Zusätzlich gibt es zu jedem Band Hörmaterialien zum Kursbuch auf CD/Kassette sowie Glossare für verschiedene Ausgangssprachen. Im Internetservice unter www.hueber.de/schritte-international finden Sie weiteres Material und methodische Tipps für Ihre Unterrichtsvorbereitung sowie Online-Übungen für die Kursteilnehmer/innen (TN).

Schritte international und der Gemeinsame Europäische Referenzrahmen

- *Schritte international* orientiert sich am Gemeinsamen Europäischen Referenzrahmen. Der Referenzrahmen definiert mehrere Kompetenzniveaus, die den Sprachstand der Lernenden zeigen und Lernfortschritte messbar machen:

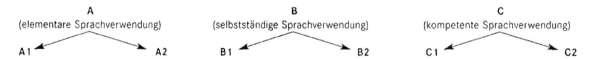

Der Sprachstand wird mithilfe von Skalen – den sogenannten Kann-Bestimmungen – beschrieben. Eine ausführliche Beschreibung zu Inhalt und Zielen des Referenzrahmens finden Sie unter www.hueber.de.

- Der Referenzrahmen betrachtet Sprachlernende und Sprachverwendende als sozial Handelnde, die kommunikative Aufgaben bewältigen müssen. *Schritte international* trägt dem durch die alltagsrelevanten Themen und die Auswahl der Texte (z.B. Briefe, Informationsbroschüren, Zeitungsmeldungen, Telefongespräche, Nachrichten etc.) Rechnung und richtet sich in seinen Lernzielen an den Kann-Bestimmungen des Referenzrahmens aus. Welches Lernziel Ihre TN auf einer Kursbuchseite erreichen können, ist bei den methodisch-didaktischen Hinweisen in diesem Lehrerhandbuch jeweils explizit ausgewiesen.
- Im Referenzrahmen werden Lernerautonomie und Selbstbeurteilung großgeschrieben: Anhand von Übungen zum selbstentdeckenden Lernen im Arbeitsbuch erarbeiten die TN sich grammatische Schemata und lernen, Strukturen zu ordnen und zu systematisieren. Mithilfe des Lerntagebuchs (siehe Seite 11 und 17) lernen die TN verschiedene Lerntechniken kennen und werden befähigt, ihr Lernen individuell und selbstständig zu gestalten. Im Kursbuch auf den Seiten 78–79 finden Sie eine Vorlage, mit der die TN ihren Sprachstand nach Abschluss des Kurses selbst evaluieren können.

Schritte international und die Prüfungen *Start Deutsch* und *Zertifikat Deutsch*

Schritte international 1–4 richten sich in Themen, Sprachhandlungen, Wortschatz und Grammatik nach den Lernzielbeschreibungen von *Start Deutsch* und bereiten gezielt auf die Prüfungen vor:

- Prüfungsaufgaben zu allen Prüfungsteilen im Arbeitsbuch
- Modelltest und Prüfungstipps zu *Start Deutsch 1* in *Schritte international 2* und zu *Start Deutsch 2* in *Schritte international 4*

Die Bände *Schritte international 5* und *Schritte international 6* führen zur Niveaustufe B1. Nach Abschluss von B1 kann das *Zertifikat Deutsch* abgelegt werden.

2.   Aufbau

Jeder Band von *Schritte international* enthält sieben kurze Lektionen mit einem klaren und einheitlichen Aufbau:

Die Foto-Hörgeschichte
Motivierender Einstieg über eine Foto-Hörgeschichte

Die Seiten A–C
In sich abgeschlossene Module zur Einführung
und Einübung des neuen Lernstoffs

Die Seiten D–E
In sich abgeschlossene Module zum Training
und zur Erweiterung der rezeptiven und
produktiven Fertigkeiten

Die Übersichtsseite
Übersicht über Grammatik und wichtige
Wendungen der Lektion zur Orientierung und schnellen Wiederholung

Das Zwischenspiel
Abschluss durch das Zwischenspiel mit
landeskundlichen Lese- und Hörtexten
und spielerischen Aktivitäten

2.1   Aufbau einer Kursbuchlektion

Die Foto-Hörgeschichte

Ausgehend von der Erfahrung vieler TN mit Fotoromanen und Soaps im Fernsehen und der Tatsache, dass wir heute in einer visuellen Welt leben, beginnt jede Lektion mit einer Foto-Hörgeschichte. Sie ...

- ist authentisch: Sprache wird im Kontext gelernt. Die TN können sich intensiv mit nur einer Situation auseinandersetzen, was die Memorierung von Wörtern und Strukturen erleichtert und verbessert.
- ist motivierend: Die Fotos erleichtern eine situative und lokale Einordnung der Geschichte und aktivieren das Vorwissen. Durch die Kombination von Fotos und Hörtext/Geräuschen verstehen die TN eine zusammenhängende Episode. Sie erkennen, dass sie am Ende der Lektion in der Lage sein werden, eine ähnliche Situation sprachlich zu meistern.
- bietet anhand der Personen und Situationen Identifikationsmöglichkeiten. Im Vordergrund stehen die Erfahrungen eines Ausländers, der mit der deutschsprachigen Lebenswelt in Berührung kommt. Die Foto-Hörgeschichte vermittelt implizit landeskundliches Wissen.
- bietet einen unterhaltsamen Einstieg in das Thema der Lektion: Das Interesse der TN wird geweckt.
- bildet den sprachlichen und thematischen Rahmen der Lektion: Die Foto-Hörgeschichte führt das Sprachmaterial und den grammatischen Stoff ein und entlastet damit den Lektionsstoff vor. Gleichzeitig trainiert sie das globale Hörverstehen.

Konzeption – Aufbau

Die Seiten A, B, C

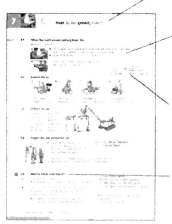

Die **Kopfzeile** enthält ein Zitat aus der Foto- Hörgeschichte und präsentiert den Lernstoff der Seite. Die neue Struktur ist fett hervorgehoben. So können Sie und die TN sich rasch orientieren.

Die erste Aufgabe dient der **Einführung** des neuen Stoffs. Sie bezieht sich ebenfalls im weiteren Sinne auf die Foto-Hörgeschichte und veranlasst die TN bereits zur aktiven Anwendung der neuen Struktur. Das stärkt das Vertrauen der TN in die Erlernbarkeit des Stoffs.

Der **Grammatikspot** fasst den Lernstoff übersichtlich zusammen und macht ihn bewusst.

In den **anschließenden Aufgaben** üben die TN den Lernstoff zunächst meist in gelenkter, dann in freierer Form.

Die **Abschlussaufgabe** dient dem Transfer des Gelernten in den persönlichen Anwendungsbereich (Informationen über sich geben, die eigene Meinung sagen usw.) oder bietet auf spielerische Art Möglichkeiten, den Lernstoff aktiv und interaktiv anzuwenden. *Hinweis:* Zur Vereinfachung und Unterstützung Ihrer Unterrichtsvorbereitung finden Sie Kopiervorlagen zu vielen Abschlussaufgaben im Internet unter www.hueber.de/schritte-international unter dem Stichwort „Lehren" bzw. „Interaktionsaufgaben".

Die Seiten D und E

Diese Seiten dienen der Vertiefung und Erweiterung der rezeptiven (Lesen und Hören) und produktiven (Sprechen und Schreiben) Fertigkeiten.

Lesen
Die TN üben das Lesen authentischer Textsorten, wie sie im Referenzrahmen und der Prüfung *Start Deutsch* für die Niveaustufe A1 festgelegt sind. Dazu gehören Schilder, Prospekte, Kataloge, Kleinanzeigen, einfache Briefe und kurze Notizen.

Hören
Die TN lernen, Kernaussagen und wichtige Informationen aus alltagsrelevanten Textsorten zu entnehmen. Dazu gehören z.B. Lautsprecherdurchsagen, automatische Telefonansagen, Meldungen im Rundfunk (z.B. Wetter).

Sprechen
Die TN üben die verbale Bewältigung einfacher Alltagssituationen, wie z.B. Bitten um Information, Terminabsprachen, Entschuldigungen und Einladungen. Sprechen auf der Niveaustufe A1 heißt vor allem: Fragen stellen und Antworten geben. In *Schritte international 1* und *2* üben die TN daher häufig kurze Frage-Antwort-Dialoge.

Schreiben
Die TN lernen, einfache formelhafte Notizen zu machen und persönliche Briefe und kurze Notizen und Mitteilungen zu schreiben. Um die Schreibfertigkeit der TN aufzubauen, enthält das Arbeitsbuch ein systematisches Schreibtraining.

Die Übersichtsseite

Die letzte Seite jeder Lektion gibt einen Überblick über die neue Grammatik und wichtige Wendungen der Lektion. Mithilfe der Übersicht kann der Stoff der Lektion selbstständig wiederholt und nachgeschlagen werden.

Das Zwischenspiel

Jede Lektion wird durch landeskundliche Lese- und Hörtexte passend zum Lektionsthema abgerundet. Diese Seiten haben einen freieren Charakter, d.h. der Fokus liegt nicht mehr auf dem Erwerb und Einüben von Strukturen, sondern die TN können hier das Lese- und Hörverstehen vertiefen und ihr in der Lektion erworbenes Wissen aktiv und spielerisch anwenden. Zusätzlich erhalten sie interessante landeskundliche Informationen über Deutschland, Österreich und die Schweiz.

2.2 Aufbau des Arbeitsbuchs

Im Arbeitsbuch finden Sie vielfältige Übungen zu den Lernschritten A bis E für die Still- und Partnerarbeit im Kurs oder als Hausaufgabe. Auch hier erscheinen – wie auf der entsprechenden Kursbuchseite – in der Kopfzeile ein Zitat und ein Foto aus der Foto-Hörgeschichte als Strukturierungs- und Memorierungshilfe. Die Übungen berücksichtigen unterschiedliche Lernniveaus innerhalb des Kurses und bieten so Möglichkeiten zur Binnendifferenzierung:

schwarze Arbeits- anweisungen	blaugraue Arbeits- anweisungen	blaue Arbeits- anweisungen
Basisübungen, die alle TN machen sollten	Vertiefende Übungen für alle, die noch üben wollen/müssen	Erweiternde Übungen als Zusatzangebot oder Alternative für schnellere TN

Das Arbeitsbuch enthält außerdem:
- Übungen zur Phonetik
- Anregungen zum autonomen Lernen und Informationen über verschiedene Lerntechniken (Lerntagebuch)
- Übungen zum selbstständigen Entdecken grammatischer Regelmäßigkeiten („Grammatik entdecken")
- Prüfungsaufgaben zu *Start Deutsch 1*
- ein systematisches Schreibtraining
- den Lernwortschatz der Lektion, nach Oberbegriffen sortiert und nach Wortarten getrennt

Weitere Übungen zur selbstständigen Wiederholung am PC finden die TN auf der integrierten CD, die auch alle Hörtexte des Arbeitsbuchs enthält.
Am Ende des Arbeitsbuchs steht eine Grammatikübersicht, in der alle Strukturen des Bands nach Wortarten gegliedert zusammengefasst sind.

3. Methodisch-didaktische Grundlagen

3.1 Grammatik

Die Grammatikprogression in *Schritte international* orientiert sich an den Vorgaben des Referenzrahmens und der Prüfungen *Start Deutsch* und *Zertifikat Deutsch*. In übersichtlichen, kurzen Lernschritten werden die Strukturen in kleinen „Portionen" eingeführt und intensiv geübt. Häufige Wiederholungsschleifen festigen das Gelernte und bereiten auf die Erweiterung einer grammatischen Struktur vor.

Lexikalische Einführung von Strukturen
- Grammatische Strukturen werden durch Variations- und Einsetzübungen eingeführt. Sie werden von den TN hier auch schon aktiv benutzt und memoriert.
- Der Einstieg erfolgt über Formeln, an denen anschließend die dahinterstehende Struktur aufgezeigt werden kann.
- Ziel ist es, die Angst vor Neuem zu nehmen und das Vertrauen in die Erlernbarkeit der Struktur zu stärken.

Grammatikspot

- Der Grammatikspot fasst den neuen Stoff anhand von Beispielen einfach und verständlich zusammen.
- Farbsignale ersetzen Regelerklärungen, die die TN besonders im Anfängerunterricht auf Deutsch gar nicht verstehen würden.
- Grammatische Termini werden nur moderat eingesetzt, um auch weniger kognitive Lernertypen einzubeziehen.

Infospot
- Der Infospot hebt Redemittel hervor, die in ihrer grammatischen Struktur unbekannt sein können, den TN aber als Ausdrucksmöglichkeit zur Verfügung stehen sollten.
- Diese Redemittel sollen als Formeln gelernt und angewendet werden.

Grammatik entdecken

Selbstentdeckendes Lernen

Übungen, die die TN zu einem gelenkten Entdecken grammatikalischer Regelmäßigkeiten führen sollen, finden Sie im Arbeitsbuch unter der Rubrik „Grammatik entdecken":

- Die TN ordnen neues Sprachmaterial in vorgegebene, optisch markierte Schemata.
- Dadurch wird die zugrunde liegende Systematik einer Struktur erkennbar.
- Die TN können die Strukturen besser verstehen und behalten.

3.2 Wiederholung

Damit sprachliche Strukturen – und Wörter natürlich – gefestigt werden können, müssen sie immer wieder aktiviert werden. *Schritte international* setzt daher auf häufige Wiederholungssequenzen:

- Mit den Wiederholungsstationen am Ende jeder Niveaustufe *(Schritte international 2, 4, 6)* kann der komplette Lernstoff einer Stufe noch einmal trainiert werden.
- Sogenannte Wiederholungsspots im Kursbuch erinnern die TN ab *Schritte international 3* an schon gelernte Strukturen, die nun erweitert werden.
- Ausgewiesene Wiederholungsübungen greifen ab *Schritte international 3* grammatische Strukturen aus den vorhergehenden Bänden noch einmal auf, vertiefen sie oder dienen als Vorübung für neuen Lernstoff, der in Zusammenhang zu schon bekanntem Lernstoff steht.
- Möglichkeiten zur selbstständigen Wiederholung finden die TN auf der in jedem Band integrierten CD mit interaktiven Übungen für den PC.
- Spiele zur Wiederholung finden Sie nach jeder zweiten Lektion auch in diesem Lehrerhandbuch (ab Seite 106).

3.3 Wortschatz

Die Wortschatzprogression orientiert sich ebenfalls an den Vorgaben des Referenzrahmens und der Prüfungen *Start Deutsch* und *Zertifikat Deutsch*. Die Wortschatzvermittlung orientiert sich an folgenden Prinzipien:

- Neuer Wortschatz wird mit bekannten Strukturen eingeführt, damit die TN sich auf die Wörter konzentrieren können.
- Nach Möglichkeit werden Wortfelder eingeführt (z.B. Lektion 3, Wortfeld „Essen und Trinken").
- Die Sprachlernerfahrung der TN wird einbezogen: Deutsch wird heute häufig erst als zweite oder dritte Fremdsprache gelernt. Auf das Vorwissen der TN aus dem Englischen oder anderen zuerst gelernten Sprachen (auch die Muttersprache) wird zurückgegriffen. Dem Deutschen ähnliche, den TN bekannte Wörter werden bewusst gemacht, um den Wortschatzerwerb positiv zu unterstützen und den TN ein Hilfsmittel für das Verstehen von Hör- und Lesetexten an die Hand zu geben.
- Der Lernwortschatz einer jeden Lektion ist im Arbeitsbuch zusammengestellt. Schreiblinien ermöglichen die Übersetzung in die eigene Sprache und damit ein klassisches Vokabeltraining: Die TN können sich auf diese Weise selbstständig abfragen.

Am Ende eines jeden Bands von *Schritte international* finden Sie außerdem eine alphabetische Wortliste.

3.4 Binnendifferenzierung

Auch in sprachhomogenen Kursen haben die TN meist unterschiedliche Lernerfahrungen und Lernziele. Binnendifferenzierung ist eine Möglichkeit, den Unterricht für alle TN interessant zu gestalten, auf die unterschiedlichen Bedürfnisse der TN einzugehen und jeden möglichst optimal zu fördern. Binnendifferenzierung bedeutet Gruppenarbeit: Innerhalb des Kurses werden (zeitweise) mehrere Gruppen gebildet, die unterschiedliche Lerninhalte bearbeiten. Das kann beispielsweise heißen, dass leistungsstärkere Gruppen mehr oder schwierigere oder freiere Aufgaben erhalten oder dass für einzelne Gruppen verschiedene Lernziele gesetzt werden, die sich an den Bedürfnissen der TN ausrichten: Eine Gruppe übt z.B. Grammatik, eine andere wiederholt Wortschatz und eine dritte macht Phonetikübungen.

Schritte international bietet vielfache Unterstützung für einen binnendifferenzierten Unterricht:

- Explizit im Arbeitsbuch durch: z.B. farblich gekennzeichnete Übungstypen in verschiedenen Schwierigkeitsstufen (siehe auch Seite 9 und 16).
- Implizit im Kursbuch durch unterschiedlich schwierige/lange Lesetexte und Auswahlmöglichkeiten (gelenkter-freier) bei verschiedenen Aufgaben, z.B. Rollenspielen.
- In diesem Lehrerhandbuch durch praktische Vorschläge zur binnendifferenzierten Arbeit mit *Schritte international*. Diese erkennen Sie an diesem Signal ⩔.

3.5 Phonetik

PHONETIK

Häufig erwerben Lernende gute Kenntnisse in Wortschatz und Grammatik und haben damit bereits einen wichtigen Schritt für die Kommunikation mit Muttersprachlern der Zielsprache getan. Aber selbst wenn die Wörter von ihrer Semantik her richtig verwendet werden, kann es durch eine falsche Aussprache und Betonung zu Missverständnissen bis hin zum völligen Scheitern der Kommunikation kommen. Deshalb wird in *Schritte international* von Anfang an Wert auf eine gründliche Ausspracheschulung gelegt: In *Schritte international 1* stehen neben der Schulung einzelner Laute und Lautkombinationen vor allem Wortakzent, Satzakzent und Satzmelodie im Vordergrund. Bei der Lautartikulation wird in *Schritte international 1* der Schwerpunkt auf die Vokale gelegt, die als Akzentträger des Wortes für die Verständlichkeit von besonderer Bedeutung sind.

Die Ausspracheschulung in *Schritte international* hält sich an folgende Prinzipien:
- Sie erfolgt in einem Wechselspiel aus imitativem und kognitivem Lernen, z.B. durch Hören, Erkennen und Nachsprechen oder Hören, Erkennen und Markieren oder Hören und Nachsprechen.
- Die Laute werden zunächst im Wort und darauf aufbauend im ganzen Satz geübt.
- Die Beispiele ergeben sich aus der Lektion. Dadurch steht die Phonetik in einem für die TN relevanten und nachvollziehbaren Kontext. Zudem ergibt es wenig Sinn, Wörter nachzusprechen, die man nicht versteht.

3.6 Die eigene Sprache

Die Muttersprache kann den TN beim Deutschlernen helfen, z.B. beim Wortschatzerwerb (siehe oben) oder beim kontrastiven Vergleich grammatischer Strukturen. In *Schritte international 1* und *2* wird die Muttersprache der TN für bestimmte Aufgaben bewusst in den Unterricht einbezogen:
- an Stellen, wo die TN erfahrungsgemäß den Wunsch haben werden, sich zu äußern, aber auf Deutsch noch nicht in der Lage dazu sind (z.B. Meinungen zur Foto-Hörgeschichte).
- dort, wo es der Vorentlastung einer Aufgabe dient, z.B. wenn die TN vor dem Hören Überlegungen zur Foto-Hörgeschichte anstellen oder vor dem Lesen anhand der Überschrift Vermutungen über einen Lesetext äußern sollen.

3.7 Lerntechniken

LERN
TAGEBUCH

Der Referenzrahmen misst der Lernerautonomie großes Gewicht bei. Daher werden die TN in *Schritte international* zum Führen eines Lerntagebuchs angeregt:
- Der Gedanke des Lerntagebuchs sieht vor, dass sich alle TN einen Ringbuchordner anschaffen. In diesem können sie verschiedene Kategorien anlegen, die sie individuell erweitern können. Zudem können jederzeit neue Blätter eingefügt werden.
- In diesem Lerntagebuch können die TN ihre Lernfortschritte dokumentieren: Hier können sie alles, was im Unterricht oder als Hausaufgabe erarbeitet wurde, abheften. Zu Hause können die TN in ihrem Lerntagebuch den Lernstoff nachschlagen oder Lerntechniken selbstständig ausprobieren.
- Mithilfe expliziter Übungen im Arbeitsbuch lernen die TN verschiedene Lerntechniken kennen und wenden sie praktisch an, um so die für sie geeignetste(n) Form(en) des Lernens herauszufinden.

3.8 Landeskunde

Die Vermittlung von Landeskunde ist für Deutschlernende im Ausland, die keinen oder wenig Kontakt mit den deutschsprachigen Ländern haben, besonders wichtig. In *Schritte international* werden landeskundliche Informationen gezielt angeboten:
- durch die Foto-Hörgeschichte, die auf authentische Art und Weise deutschen Alltag abbildet und dabei implizit landeskundliches Wissen vermittelt sowie interkulturelle Diskussionsanlässe bietet.
- in zahlreichen Lese- und Hörtexten authentischer Textsorten, die den Alltag in den deutschsprachigen Ländern abbilden.
- durch das Zwischenspiel mit landeskundlichen Lese- und Hörtexten über Deutschland, Österreich und die Schweiz und mit Anregungen zum interkulturellen Vergleich (z.B. ein typisches Wochenende in Deutschland, mein Wochenende oder ein Wochenende in meinem Land).
- im Internet, wo Sie Aufgaben für Internetrecherchen finden, mit denen die TN ihr landeskundliches Wissen selbstständig erweitern können.

Landeskundliche Hintergrundinformationen, die Sie auch an die TN weitergeben können, finden Sie auch in diesem Lehrerhandbuch und im Internet unter www.hueber.de/schritte-international.

Praktische Tipps für den Unterricht mit *Schritte international* – Die Foto-Hörgeschichte

1. Die Foto-Hörgeschichte

Beginnen Sie den Unterricht nicht direkt mit dem Hören der Geschichte. Die TN lösen zu jeder Episode Aufgaben vor dem Hören, während des Hörens und nach dem Hören. Generell sollten Sie die Geschichte so oft wie nötig vorspielen und ggf. an entscheidenden Passagen stoppen. Achten Sie darauf, jede Episode mindestens einmal durchgehend vorzuspielen.

Hören Sie am Ende jeder Lektion die Geschichte mit den TN noch einmal. Das ermutigt sie, denn sie können erleben, wie viel sie im Vergleich zum allerersten Hören nun schon verstehen, und das fördert die Motivation zum Weiterlernen.

1.1 Aufgaben vor dem Hören

Die Aufgaben vor dem Hören machen eine situative Einordnung der Geschichte möglich. Sie führen neue, für das Verständnis wichtige Wörter der Geschichte ein und lenken die Aufmerksamkeit auf die im Text wichtigen Passagen und Schlüsselwörter. Für die Vorentlastung bieten sich außerdem viele weitere Möglichkeiten:

Fotosalat und Satzsalat
Kopieren Sie die Fotos und schneiden Sie die einzelnen Fotos aus. Achten Sie darauf, die Nummerierung auf den Fotos wegzuschneiden. Die Bücher bleiben geschlossen. Verteilen Sie je ein Fotoset an Kleingruppen mit 3 bis 4 Personen. Die TN legen die Fotos in eine mögliche Reihenfolge, hören die Geschichte mit geschlossenen Büchern und vergleichen die Foto-Hörgeschichte mit ihrer Reihenfolge. Sie korrigieren ggf. ihre Reihenfolge.
Diese Übung kann um Satzkarten erweitert werden: Schreiben Sie zu den Fotos einfache Sätze oder Zitate aus der Geschichte auf Kärtchen, die die TN dann den Fotos zuordnen. Sie können hier auch zwischen geübteren und ungeübteren TN differenzieren, indem Sie geübteren TN weniger Vorgaben und Hilfen an die Hand geben als den ungeübteren.
Auf etwas fortgeschrittenerem Niveau können sich die TN zu ihrer Reihenfolge der Fotos eine kleine Geschichte ausdenken oder Minidialoge schreiben. Ihre Geschichte können sie dann beim Hören mit dem Hörtext vergleichen.

Poster
Jede Foto-Hörgeschichte gibt es auch als großes Poster, das Sie im Kursraum aufhängen können oder ebenfalls für einen Fotosalat verwenden können. Wenn Sie nur ein Poster haben, geben Sie je ein aus dem Poster ausgeschnittenes Foto an eine Kleingruppe. Die Gruppen versuchen dann gemeinsam, den richtigen Platz in der Geschichte für ihr Foto zu finden, und entwickeln eine gemeinsame Reihenfolge. So müssen sich alle beteiligen und mitreden. Alternativ können die TN aus ihrer Gruppe auch je einen TN bestimmen, der sich mit den anderen gewählten TN vor dem Kurs in der richtigen Reihenfolge aufstellen muss, sodass diese acht TN die Reihenfolge der Geschichte bilden und das Foto vor sich halten. Das macht Spaß, weil die TN sich bewegen müssen und womöglich mehrmals umgestellt werden, bis alle mit der Reihenfolge einverstanden sind.

Hypothesen bilden
Verraten Sie den TN nur die Überschrift der Lektion und zeigen Sie ggf. noch eines der Fotos auf Folie. Die TN spekulieren, worum es in der Geschichte gehen könnte (Wo? Wer? Was? Wie viele? Wie? Warum?). Oder sie sehen sich die Fotos im Buch an und stellen Vermutungen über den Verlauf der Handlung an. Das motiviert und macht auf die Geschichte neugierig. Sprechen Sie anfangs auch in Ihrer Sprache und lassen Sie die TN in der Muttersprache kommunizieren. Es ist hier nur wichtig, dass sich die TN intensiv mit der Geschichte beschäftigen. Auch das erleichtert das spätere Hören in der Fremdsprache, weil eine bestimmte Hör-Erwartung aufgebaut wird. Die Kommunikation in der Muttersprache sollte mit zunehmenden Deutschkenntnissen der TN immer weniger werden. Fortgeschrittenere Anfänger können sich im Vorfeld Minidialoge zu den Fotos überlegen und ein kleines Rollenspiel machen. Nach dem Hören vergleichen sie dann ihren Text mit dem Hörtext.

Situationsverwandte Bilder/Texte
Vielleicht finden Sie einen passenden Text oder ein Bild / einen Comic, den Sie verwenden können, um in das Thema einzuführen und unbekannten Wortschatz zu klären. Diese Übungsform eignet sich, wenn Sie erst ganz allgemein auf ein Thema hinführen wollen, ohne die Fotos aus der Foto-Hörgeschichte schon zu zeigen. Zeigen Sie z.B. beim Thema „Wohnen" das Bild eines Zimmers und führen Sie die Namen wichtiger Möbelstücke ein.

1.2 Aufgaben während des Hörens

Die TN sollten die Geschichte mindestens einmal durchgehend hören, damit der vollständige Zusammenhang gegeben ist. Dabei ist es nicht wichtig, dass die TN sofort alles erfassen. Sie haben verschiedene Möglichkeiten, den TN das Verstehen zu erleichtern:

Mitzeigen

Beim Wechsel von einem Foto zum nächsten ist ein „Klick" zu hören, der es den TN erleichtert, dem Hörtext zu folgen. Bei jedem Klick können die TN wieder in die Geschichte einsteigen und mithören, falls sie den Faden einmal verloren haben sollten. Als weitere Hilfestellung können Sie zumindest in den ersten Stunden die Foto Hörgeschichte auch auf eine Folie kopieren und einen TN bitten, am Tageslichtprojektor mitzuzeigen. Die übrigen TN zeigen in ihrem Buch mit, sodass Sie kontrollieren können, ob alle der Geschichte folgen können.

Wort-/Bildkärtchen

Stellen Sie im Vorfeld Kärtchen mit Informationen aus der Foto-Hörgeschichte her (z.B. Lektion 5: Verbkärtchen mit Timos Tätigkeiten). Die TN hören die Geschichte mit geschlossenen Büchern und legen die Kärtchen während des Hörens in die Reihenfolge, in der die Informationen in der Geschichte vorkommen.

Antizipation

Wenn die TN allgemein wenig Verständnisschwierigkeiten beim Hören haben bzw. wenn die TN schon geübter sind, können Sie die Foto-Geschichte natürlich auch während des Hörens immer wieder stoppen und die TN ermuntern, über den Fort- und Ausgang der Geschichte zu spekulieren. Allerdings sollten Sie die Geschichte im Anschluss auch einmal durchgehend vorspielen.

1.3   Aufgaben nach dem Hören

Die Aufgaben nach dem Hören dienen dem Heraushören von Kernaussagen. Sie überprüfen, ob die Handlung global verstanden wurde. Lesen Sie die Aufgaben gemeinsam mit den TN, klären Sie ggf. unbekannten Wortschatz und spielen Sie die Geschichte noch weitere Male vor, um den TN das Lösen der Aufgaben zu erleichtern. Stoppen Sie die Geschichte ggf. an den entscheidenden Passagen, um den TN Zeit für die Eintragung ihrer Lösung zu geben. Darüber hinaus können Sie die Foto-Hörgeschichte für weitere spielerische Aktivitäten im Unterricht nutzen und so den Wortschatz festigen und erweitern:

Rollenspiele

Vor allem schon geübtere TN können kleine Dialoge zu einem oder mehreren Fotos schreiben. Diese Dialoge werden dann vor dem Plenum als kleine Rollenspiele nachgespielt. Regen Sie die TN auch dazu an, die Geschichte weiterzuentwickeln und eine Fortsetzung zu erfinden.

Pantomime

Stoppen Sie die CD/Kassette beim zweiten oder wiederholten Hören jeweils nach der Rede einer Person. Bitten Sie die TN, in die jeweilige Rolle zu schlüpfen. Lassen Sie die TN pantomimisch darstellen, was sie soeben gehört haben. Fahren Sie dann mit der Foto-Hörgeschichte fort. Wenn die TN schon geübter sind, können die TN die Geschichte pantomimisch mitspielen, während Sie diese noch einmal vorspielen.

Kursteilnehmerdiktat

Die TN betrachten die Fotos. Ermuntern Sie einen TN, einen beliebigen Satz zu einem der Fotos zu sagen, z.B. „Heute ist das Wetter gut." Alle TN schreiben diesen Satz auf. Ein anderer TN setzt die Aktivität fort, z.B. „Wir machen heute ein Picknick." usw. So entsteht eine kleine Geschichte oder ein Dialog. Die TN sollten auch eine Überschrift für ihren gemeinsam erarbeiteten Text finden. Schreiben Sie oder einer der TN auf der Rückseite der Tafel oder auf Folie mit, damit die TN abschließend eine Möglichkeit zur Korrektur ihrer Sätze haben. Diese Übung trainiert nicht nur eine korrekte Orthografie, sondern dient auch der Wiederholung und Festigung von Wortschatz und Redemitteln.

Situationsverwandte Bilder/Texte

Auch nach dem Hören können Sie situationsverwandte Bilder oder Texte zur Vertiefung des Themas der Foto-Hörgeschichte nutzen. Die TN können die Unterschiede zwischen der Foto-Hörgeschichte und dem Text oder der Situation herausarbeiten. So könnte z.B. mit Hilfe einer Statistik über das Freizeitverhalten der Deutschen bei Lektion 6 dargestellt werden, welchen Freizeitaktivitäten die Deutschen nachgehen.

Texte oder Bilder können auch in eine andere Situation überleiten und nach dem Hören der Foto-Hörgeschichte zur Erweiterung eingesetzt werden (z.B. Lektion 3: Einkaufen auf dem Markt; weiterführend: Einkäufe in der Bäckerei, in der Fleischerei, im Schreibwarengeschäft etc.). Damit werden Wörter und Redemittel in einen anderen Zusammenhang transferiert und erweitert. Sie können so individuell auf die Interessen Ihres Kurses eingehen.

Praktische Tipps für den Unterricht mit *Schritte international* – Foto-Hörgeschichte/Variationsaufgaben/Grammatikspot

Phonetik

Die Foto-Hörgeschichte bietet sich sehr gut für das Aussprachetraining an, denn sie enthält viele für den Alltag wichtige Redemittel, die sich gut als Formeln merken lassen. Greifen Sie wesentliche Zitate/Passagen aus der Geschichte heraus, spielen Sie diese isoliert vor und lassen Sie die TN diese Sätze nachsprechen. Der Hörspielcharakter und der situative Bezug innerhalb der Foto-Hörgeschichte erleichtern den TN das Memorieren solcher Redemittel. Außerdem lernen die TN, auch emotionale Aspekte (Empörung, Freude, Trauer, Wut, Mitgefühl …) auszudrücken. Schließlich kommt es nicht nur darauf an, was man sagt, sondern vor allem darauf, wie man es sagt. In jeder Sprache werden ganz unterschiedliche Mittel benutzt, um solche emotionalen Aspekte auszudrücken.

Nicht zuletzt können auch Modalpartikeln wie „doch", „aber", „eben" etc. unbewusst eingeschleift werden. Die Bedeutung von Modalpartikeln zu erklären ist im Anfängerunterricht schwierig und daher oft wenig sinnvoll. Mithilfe der Zitate aus der Foto-Hörgeschichte können die TN diese aber internalisieren und automatisch anwenden, ohne dass Erklärungen erforderlich werden.

2.   Variationsaufgaben

Sie finden wiederholt kurze, alltagsbezogene Modelldialoge, die die TN mit vorgegebenen grammatischen Strukturen variieren. Diese Modelldialoge sind durch eine orangefarbene geringelte Linie links neben der Aufgabe für Sie und Ihre TN sofort erkennbar. Durch das Variieren der Modelldialoge bekommen die TN ein Gespür für die neuen Strukturen. Durch das aktive Verwenden und Memorieren werden diese zu beherrschbarem Sprachmaterial. Die TN gewinnen Vertrauen in die Erlernbarkeit des Neuen. Für die Variationsaufgaben bietet sich folgendes Vorgehen an:

- Die TN decken den Modelldialog zu und hören ihn zunächst nur. Falls vorhanden, sehen sie dabei zugehörige Bilder/Fotos an. Wenn Sie die Fotos/Bilder auf Folie kopieren, können die TN die Bücher geschlossen lassen und sich auf die Situation konzentrieren.
- Stoppen Sie den Modelldialog beim zweiten Hören nach jedem einzelnen Sprechpart. Die TN sprechen - immer noch ohne mitzulesen - im Chor nach.
- Die TN hören den ganzen Dialog und lesen mit.
- Die TN lesen und sprechen den Dialog in Partnerarbeit in verteilten Rollen.
- Die TN lesen die Varianten und markieren im Modelldialog die Satzteile, die variiert werden sollen.
- Die TN sprechen den Dialog in Partnerarbeit mit Varianten. Achten Sie darauf, dass die TN den Dialog erst dann mit Varianten sprechen, wenn sie Sprechsicherheit beim Modelldialog erreicht haben. Wichtig ist auch, dass die Partner ihre Sprech(er)rollen abwechseln, damit jeder TN auch einmal Varianten bilden muss.
- Abschließend können einige TN ihre Dialoge im Plenum präsentieren. Hier reichen ein bis zwei Dialoge aus. Es ist nicht nötig, alle Varianten präsentieren zu lassen.

Die TN können den Modelldialog auch schriftlich festhalten, um durch Abschreiben ihre Orthografie zu verbessern und sich wichtige Redemittel besser einzuprägen. Bitten Sie die TN auch, den Dialog auswendig zu lernen und vorzuspielen. Bitten Sie schnelle TN, die Dialoge mit den Varianten auf einer Folie oder an der Tafel zu notieren. Die anderen TN können dann kontrollieren, ob sie die Varianten richtig gebildet haben. Schnelle TN können außerdem zusätzliche Varianten erfinden.

3.   Grammatikspot

Schreiben Sie die Beispiele aus dem Grammatikspot an die Tafel und heben Sie die neuen Strukturen – wie im Grammatikspot – visuell hervor. Verweisen Sie auf die Einführungsaufgabe und zeigen Sie jetzt die dahinterstehende Struktur auf. Nach Möglichkeit sollten Sie dabei grammatische Terminologie nur sparsam verwenden. Die TN sollten das Gefühl haben, Grammatik als Hilfsmittel für das Sprechen zu lernen und nicht als Selbstzweck.

Verweisen Sie auch später immer wieder auf den Grammatikspot. Er soll den TN auch bei den anschließenden Anwendungsaufgaben als Gedächtnisstütze und Orientierungshilfe dienen.

4. Aktivität im Kurs

In den Abschlussaufgaben auf den Seiten A bis C wird der Lernstoff in den persönlichen Bereich der TN übertragen. Sie befragen sich gegenseitig nach ihren Hobbys, ihren Vorlieben und Abneigungen usw. oder üben den Lernstoff durch eine spielerische Aktivität in Kleingruppen. Bei dieser Art von Aufgaben geht es häufig darum, dass die TN selbst Kärtchen, Plakate oder Formulare herstellen, was nicht nur ein sehr gutes Schreibtraining, sondern auch sehr förderlich für das Kursklima ist (gemeinsam etwas tun!). Die selbst hergestellten Kärtchen dienen wie in der Prüfung *Start Deutsch* als Impuls für kurze Frage-Antwort-Dialoge. Wenn Sie nicht genug Zeit im Unterricht für Bastelarbeiten haben, können Sie zu diesen Aufgaben Kopiervorlagen aus dem Internet unter www.hueber.de/schritte-international herunterladen.

In den Abschlussaufgaben sollten die TN die Gelegenheit haben, frei zu sprechen und sich frei auszudrücken. Vermeiden Sie daher in dieser Phase Korrekturen. Gerade bei den Aktivitäten im Kurs wird auf einen Wechsel der Sozialform geachtet. Versuchen Sie, die TN auch sonst möglichst oft abwechselnd in Stillarbeit, Partnerarbeit oder Kleingruppen arbeiten zu lassen. Es gibt viele Möglichkeiten, Gruppen zu bilden:

Paare:
*   Verteilen Sie Kärtchen wie bei Memory, auf denen z.B. Frage und Antwort stehen. TN mit einer Frage suchen den TN mit der passenden Antwort. Dies können Sie später auch mit Verbformen (Infinitiv und Partizip), Gegensatzpaaren, Komposita oder mehrsilbigen Wörtern etc. durchführen.
*   Kleben Sie vor dem Unterricht unter oder hinter die Stühle der TN Zettelchen, von denen je zwei die gleiche Farbe haben. Das geht auch mit Bonbons. So können Sie ggf. die Partnerfindung steuern.
*   Nehmen Sie ein Bündel Schnüre, Anzahl: die Hälfte Ihrer TN. Die TN fassen je ein Ende einer Schnur, am anderen Ende der Schnur finden sie ihre Partnerin / ihren Partner.
*   Das „Atomspiel": die TN stehen auf und bewegen sich frei im Raum, evtl. können Sie Musik dazu vorspielen. Als Stoppzeichen rufen Sie „Atom 2" (alternativ: 3/4/5/...). Die TN finden sich paarweise (bzw. zu Dreier-, Vierer-, Fünfergruppen ...) zusammen.

Gruppen:
*   Zerschneiden Sie einen Satz in seine Bestandteile: Die TN müssen den Satz zusammenfügen (z.B. „Und wie heißen Sie?") und bilden eine Gruppe.
*   Lassen Sie die TN abzählen (bei einer Gruppe von 21 TN von 1-7, alle Einser gehen zusammen, alle Zweier etc. = sieben Gruppen à drei Personen)
*   Zerschneiden Sie eine Postkarte (Bilderpuzzle) oder nehmen Sie Spielkarten und verteilen Sie sie: Die TN suchen die fehlenden Puzzleteile und finden so gleichzeitig ihre Partner.
*   Definieren Sie bestimmte Merkmale, z.B. alle mit Brille, alle mit blauen Augen, ... bilden eine Gruppe.

5. Das Zwischenspiel

Beim Zwischenspiel zwischen den Lektionen liegt der Fokus nicht mehr auf dem Üben von bestimmten Strukturen oder dem expliziten Fertigkeitentraining, es hat – wie der Name schon sagt – einen mehr spielerischen Charakter. Die TN sollten den Eindruck haben, dass sie hier nichts lernen „müssen", sondern ihr aus der Lektion erworbenes Wissen anwenden können und außerdem interessante Informationen über die deutschsprachigen Länder erhalten. Deshalb sollten Sie den TN hier die Möglichkeit geben, sich frei zu äußern, und möglichst wenig mit Korrekturen eingreifen.

Wenn Sie wenig Zeit haben, können Sie die Texte des Zwischenspiels mit den TN einfach lesen bzw. hören und die Aufgaben dazu lösen, ohne sie didaktisch aufzubereiten. Für eine ausführlichere Behandlung der Zwischenspiele finden Sie in diesem Lehrerhandbuch Didaktisierungsvorschläge und eine Kopiervorlage als zusätzliches Übungsangebot. Diese Kopiervorlage sowie landeskundliche Hintergrundinformationen und Vorschläge für Internetrecherchen finden Sie auch im Internet unter www.hueber.de/schritte-international.

6. Binnendifferenzierung

6.1 Allgemeine Hinweise

Wichtig: Es ist nicht nötig, dass immer alle alles machen! Teilen Sie die Gruppen nach Kenntnisstand und/oder Neigung ein. Die einzelnen Gruppen können ihre Ergebnisse dem Plenum präsentieren: So lernen die TN miteinander und voneinander.

- Stellen Sie Mindestaufgaben, die von allen TN gelöst werden sollen. Besonders schnelle TN bekommen zusätzliche Aufgaben. Entziehen Sie geübteren TN Hilfen, indem Sie z.B. Schüttelkästen wegschneiden. Dadurch werden diese TN mehr gefordert.
- Binden Sie schnellere TN als Co-Lehrer mit ein: Wenn diese eine Aufgabe beendet haben, können sie die Lösung schon an die Tafel oder auf eine Folie schreiben.
- Stellen Sie Gruppen nach Neigung oder Lerntypen zusammen. Haben Sie beispielsweise visuell und kognitiv orientierte TN, können Sie neue grammatische Formen für visuelle Lerntypen mit Beispielen und Farben an der Tafel präsentieren. Kognitive Lerntypen erhalten eine Tabelle, in der sie Formen selbstständig systematisch eintragen können und sich so ein Schema erarbeiten. Für diesen Lerntyp bieten sich die Übungen im Arbeitsbuch zum selbstentdeckenden Lernen der Grammatik sehr gut an.
- Lassen Sie bei unterschiedlich schwierigen Aufgaben die TN selbst wählen, welche sie übernehmen möchten. Die TN entscheiden dadurch selbst, wie viel sie sich zumuten möchten. Damit vermeiden Sie eine feste Rollenzuweisung, denn ein TN kann sich einmal für die einfachere Aufgabe entscheiden, weil er sich selbst noch unsicher fühlt, ein anderes Mal aber für die schwierigere, weil er sich in diesem Fall schon sicher fühlt.

6.2 Binnendifferenzierung im Kursbuch

Lesen
Nicht alle TN müssen alle Texte lesen: Bei unterschiedlich langen/schwierigen Texten verteilen Sie gezielt die kürzeren/leichteren an ungeübtere TN und die längeren/schwierigeren an geübtere TN bzw. geben Sie den TN die Möglichkeit, selbst zu entscheiden, welchen Text sie bearbeiten möchten.

Hören
Sie können die TN auch hier in Gruppen aufteilen: Jede Gruppe achtet beim Hören auf einen bestimmten Sprecher und beantwortet anschließend Fragen, die sich auf diesen Sprecher beziehen.

Sprechen
TN, die noch Hilfestellung benötigen, können bei Sprechaufgaben auf die Redemittel auf den Kursbuchseiten und auf der Übersichtsseite als Orientierungs- und Nachschlagehilfe zurückgreifen. Geübtere TN sollten das Buch schließen.

Schreiben
Achten Sie auch hier auf Vorlieben der TN. Nicht alle haben Freude am kreativen Erfinden von kurzen Texten. Bieten Sie auch Diktate an (siehe www.hueber.de/schritte-international) oder helfen Sie TN, die Schwierigkeiten beim Schreiben haben, indem Sie ihnen Beispieltexte mit Lücken zum Ausfüllen geben. Sie können dann die Fertigkeit „Schreiben" allmählich aufbauen.

6.3 Binnendifferenzierung im Arbeitsbuch

Die binnendifferenzierenden Übungen im Arbeitsbuch (siehe auch Seite 9) können im Kurs oder als Hausaufgabe bearbeitet werden. Es empfiehlt sich folgendes Vorgehen:

- Die Basisübungen mit der schwarzen Arbeitsanweisung sollten von allen TN gelöst werden.
- Zusätzlich können die Vertiefungsübungen (blaugraue Arbeitsanweisung) und die Erweiterungsübungen (tiefblaue Arbeitsanweisungen) gelöst werden. Lassen Sie nach Möglichkeit die TN selbst entscheiden, wie viele Aufgaben sie lösen möchten, oder geben Sie bei der Stillarbeit im Kurs einen bestimmten Zeitrahmen vor, in dem die TN die Übungen lösen sollten. So vermeiden Sie, dass nicht so schnelle TN sich unter Druck gesetzt fühlen.

Die schwarzen und blaugrauen Übungen sollten Sie im Plenum kontrollieren – durch Vorlesen im Kurs oder durch Selbstkontrolle der TN mithilfe einer Folie, auf der Sie oder ein TN zuvor die Lösungen notiert haben. Erweiterungsübungen führen über den Basiskenntnisstand hinaus. Hier gibt es auch freiere Übungsformen, z.B. das Schreiben von Dialogen anhand von Vorgaben. Die TN können sich bei diesen Übungen selbstständig zu zweit kontrollieren oder Sie verteilen eine Kopie mit den Lösungen. Bei freien Schreibaufgaben sollten Sie die Texte einsammeln und in der folgenden Unterrichtsstunde korrigiert zurückgeben.

7. Das Lerntagebuch

Gehen Sie bei der Arbeit mit dem Lerntagebuch folgendermaßen vor:
* Machen Sie die Eintragungen zu einer neuen Lerntechnik am Anfang mit den TN gemeinsam, um die Arbeitstechnik zu verdeutlichen. Später können die TN dann selbstständig entscheiden, ob sie diese Lerntechnik anwenden wollen.
* Aufgaben, die eine eindeutige Lösung haben, z.B. eine Tabelle erstellen, sollten im Kurs kontrolliert werden, indem die Lösung z.B. auf einer Folie präsentiert wird und die TN vergleichen und korrigieren.
* Achten Sie darauf, dass die TN sich mit der Zeit regelmäßig selbstständig Notizen zu dem machen, was sie im Unterricht gelernt haben.
* Auf fortgeschrittenerem Niveau kann im Unterricht auch über die verschiedenen Lerntechniken diskutiert werden (Wer wendet was warum an oder nicht an?) und die TN können ihre Tipps austauschen.
* Regen Sie die TN immer wieder dazu an, auch Dinge im Lerntagebuch zu notieren, die sie außerhalb des Unterrichts gelernt und entdeckt haben und die sie in den Unterricht einbringen könnten.
* Regen Sie die TN auch dazu an, Ergebnisse von Gruppenarbeiten und Projekten, z.B. aus Internetrecherchen, im Lerntagebuch abzuheften und sich so ein individuelles Tagebuch zusammenzustellen, in dem sie ihre Lernfortschritte dokumentiert haben. Das ist nicht nur eine gute Hilfe zum späteren Nachschlagen und Wiederholen von Lernstoff, sondern auch eine schöne Erinnerung.

Die erste Stunde im Kurs

Materialien
ein Ball

1. Bevor Sie in die Arbeit mit *Schritte international* einsteigen, sollten die TN sich gegenseitig vorstellen.
2. Begrüßen Sie die TN und stellen Sie sich zunächst selbst vor, um auch den TN die notwendigen Redemittel für die eigene Vorstellung an die Hand zu geben. Schreiben Sie Ihren Namen an die Tafel und sagen Sie: „Guten Tag. Mein Name ist ... ."

Mein Name ist ...
Ich heiße ...

3. Sagen Sie noch einmal: „Mein Name ist ... ." und fragen Sie dann einen TN nach seinem Namen: „Und wie heißen Sie?" Fragen Sie exemplarisch noch ein paar weitere TN und schreiben Sie die Frage ebenfalls an die Tafel.
4. Die TN stellen sich zunächst in Kleingruppen ihren direkten Sitznachbarn vor. Gehen Sie herum und helfen Sie bei Schwierigkeiten.
5. Werfen Sie den Ball einem TN zu und fragen Sie: „Hallo. Mein Name ist ... . Und wie heißen Sie?" Der TN stellt sich vor. Deuten Sie dem TN mimisch und gestisch an, dass er den Ball zu einer Person seiner Wahl werfen und diese Person ebenfalls nach dem Namen fragen soll. Die TN werfen sich so lange den Ball zu, bis alle einmal ihren Namen genannt haben.

TIPP   Im Kurs wird von Anfang an ein Gemeinschaftsgefühl entwickelt, wenn alle sich mit Namen kennen. Damit sich die TN die Namen der anderen TN leichter einprägen, bietet sich im Anschluss an die Kennenlernphase ein Spiel an, z.B. *Zipp Zapp*. Durch eine solche spielerische Aktivität kommen die TN nicht nur in (Augen-)Kontakt miteinander und somit weg von einer auf die Kursleiterin / den Kursleiter gerichteten, zentralisierten Aufmerksamkeit, sondern die TN haben bereits die erste Hürde des Kennenlernens und „Sich-Äußern-Trauens" geschafft.
Spielanweisung:
1. Die TN setzen sich in einen Kreis, Sie als Kursleiterin / als Kursleiter stehen in der Kreismitte. Achtung: Es gibt nur so viele Stühle wie TN im Kreis sitzen, d.h. bei 20 TN und Ihnen als Mitspieler gibt es 20 Stühle.
2. Sagen Sie „Zipp" zu einem TN. Dieser muss dann den Namen des TN sagen, der links von ihr/ihm sitzt; sagen Sie „Zapp", muss der TN den Namen des TN nennen, der rechts von ihr/ihm sitzt. Wenn ein TN dabei einen Fehler macht, muss sie/er in die Mitte und Sie können sich auf den Stuhl setzen. Bei dem Ausruf „Zipp Zapp" wechseln alle TN ihre Plätze. Wer in der Mitte steht, versucht dabei, einen Platz im Stuhlkreis zu erhaschen. Nun muss der übrig gebliebene TN ohne Stuhl weiterfragen.

Hinweis: Versuchen Sie, während dieser ganzen ersten Phase des Kennenlernens ausschließlich Deutsch zu sprechen. Es mag für die TN eine ungewohnte Situation sein, aber wenn sie sich auf das Experiment einlassen, werden sie feststellen, wie viel sie tatsächlich schon in der Fremdsprache verstehen. Ein erstes Erfolgserlebnis und hoffentlich Motivation für das weitere Lernen!

GUTEN TAG. MEIN NAME IST ...

Folge 1: *Koko*
Einstieg in das Thema: Kennenlernen

1   **Vor dem Hören: Vermutungen über die Foto-Hörgeschichte anstellen**

1. Die TN betrachten die Fotos. Sie überlegen, was in der Geschichte wohl passiert. Stellen Sie zur Hilfestellung einige Fragen in Ihrer Sprache: „Wer sind die beiden jungen Männer? Woher kennen sie sich? Wem gehört der Papagei? Worüber spricht der junge Mann mit dem Papagei?" Lassen Sie alle Vermutungen der TN gelten, die TN sollten ihrer Fantasie freien Lauf lassen können. Da sie möglicherweise zum ersten Mal schon in der ersten Unterrichtsstunde mit einer längeren Geschichte konfrontiert sind, sollten sie ausreichend Zeit haben, sich gedanklich mit der Foto-Hörgeschichte zu befassen. Damit wird das anschließende Hören vorbereitet.

2. *fakultativ:* Manchmal bringen TN auch in Anfängerkursen schon geringe Deutschkenntnisse mit, vielleicht weil sie beruflich mit Deutschen zu tun haben oder weil sie schon einmal einen Urlaub in einem deutschsprachigen Land verbracht haben. Beziehen Sie diese Kenntnisse mit ein. Sie können die TN z.B. fragen, was die Personen sagen könnten. Einfache Formeln wie „Hallo" sind einzelnen TN sicher bekannt. Die TN beschäftigen sich so schon sehr intensiv mit der Foto-Hörgeschichte und können außerdem ihre Kenntnisse einbringen.

2   **Das erste Hören**

1. Da es für Ihre TN vielleicht etwas ganz Neues ist, sich auf einen Hörtext zu konzentrieren, sollte erst der Ablauf der Foto-Hörgeschichte trainiert werden. Ziehen Sie dafür Folien von Foto 1 4.

2. Legen Sie die Folie von Foto 1 auf, spielen Sie den Text von Foto 1 einmal vor und stoppen Sie nach dem „Klick". Legen Sie die Folie von Foto 2 nach Möglichkeit neben Foto 1 und zeigen Sie, dass durch den „Klick" zum nächsten Foto gewechselt wird. Verfahren Sie bis Foto 4 weiter so.

3. Die TN hören nun die ganze Geschichte einmal von Beginn an und zeigen in ihrem Buch mit.

3   **Nach dem ersten Hören: Wer ist das?**

1. Zeigen Sie auf Timos Foto und fragen Sie: „Wer ist das?" Sprechen Sie ausschließlich Deutsch und wiederholen Sie ggf. Ihre Frage mehrmals. Zeigen Sie dabei immer wieder auf das Foto von Timo. Die TN können die Lösung sicher ohne Schwierigkeit nennen und notieren sie auf der Schreiblinie. *Lösung:* Timo

2. Fragen Sie wieder: „Wer ist das?" und zeigen Sie auf das Foto des Papageis. Die TN notieren die Lösung. Verfahren Sie mit Antons Foto genauso. *Lösung:* Koko, Anton

4   **Nach dem Hören: Wer sagt das?**

1. Sollte der Kurs ausschließlich aus Nullanfängern bestehen, dann lesen Sie die Aufgabe und die Zitate vor. Wenn es in Ihrem Kurs schon TN mit Deutschkenntnissen gibt, sollte sie/er die Aufgabe vorlesen dürfen.

   ! Es geht hier noch nicht darum, dass die TN die grammatischen Strukturen verstehen. Diese werden auf den Modulseiten A bis C Schritt für Schritt eingeführt. Verzichten Sie hier auf Erklärungen.

2. Die TN hören die Foto-Hörgeschichte noch einmal. Stoppen Sie die Geschichte bei Foto 3 an dem Zitat „Ich heiße Timo". Zeigen Sie in Ihrem Buch auf die Verbindungslinie von Timo zum Zitat.

3. Die TN hören die Foto-Hörgeschichte noch einmal von Beginn an. Stoppen Sie die Geschichte an den Schlüsselstellen, sodass die TN Zeit haben, Personen und Zitate zu verbinden.
   Lösung: Guten Tag: Koko; Ich komme aus Finnland: Timo; Ich spreche Finnisch und Englisch ... und ein bisschen Deutsch: Timo; Sprechen Sie Deutsch?: Koko

4. *fakultativ:* Sprechen Sie in Ihrer Sprache mit den TN über die Geschichte: Was haben die TN verstanden? Was passiert? Kennen sich Timo und Koko? Erzählen Sie, dass Timo ein Student aus Finnland ist, der jetzt in Deutschland einen Deutschkurs machen will und in dieser Zeit bei seinem Freund Anton wohnen wird.

1

A   Guten Tag. – Hallo!

Grußformen
Lernziel: Die TN können jemanden begrüßen und sich verabschieden.

Materialien
A3 Kopiervorlage zu A3 (im Internet)

A1   **Präsentation von Grußformen**

1. Die TN haben die Grußform „Guten Tag" schon kennengelernt (Seite 18). Führen Sie nun weitere Grußformen ein, indem Sie einige TN mit Handschlag begrüßen: „Guten Tag." Geben Sie den TN Gelegenheit zu antworten und Sie ebenfalls zu begrüßen.
2. Zeigen Sie auf Timo und den Pfeil zu „Hallo."
3. Lesen Sie die anderen Grußformen vor und fragen Sie jeweils: „Timo? Koko?" Zucken Sie dabei mit den Schultern, um Ihr Nichtwissen zu signalisieren.
4. Die TN hören die CD/Kassette und ziehen Pfeile von den Grußformen zu dem jeweils passenden Foto.
   Lösung: Guten Tag: Koko; Hallo: Timo; Auf Wiedersehen: Koko; Tschüs: Timo

A2   **Erweiterung der Begrüßungs- und Abschiedsformen**

1. Die TN hören das erste Gespräch. Zeigen Sie im Buch, dass zum ersten Gespräch Bild C gehört. Die TN hören ggf. noch einmal.
2. Die TN betrachten die Bilder und hören Gespräch für Gespräch so oft wie nötig. Geben Sie ausreichend Zeit für die Eintragungen. *Lösung:* B; A; D
3. Betrachten Sie mit den TN den Infospot und zeigen Sie durch Gestik (Handschlag/Winken) den Unterschied von Begrüßung und Abschied.
4. Die TN lesen die Gespräche in Partnerarbeit.
5. *fakultativ:* Die TN gehen im Kursraum herum und begrüßen und verabschieden sich gegenseitig.

PHONETIK   **Arbeitsbuch 1–2:** im Kurs: Der Schwerpunkt der Phonetik liegt in den ersten Lektionen auf der Intonation. Sie ist für eine gute Kommunikation besonders wichtig, z.B. auch, um zwischen Frage und Antwort zu unterscheiden. Spielen Sie zu Übung 1 die CD vor. Die TN kreuzen an, was sie hören. Mit diesem einfachen Einstieg werden die TN auf das bewusste Hören eingestimmt. Die TN hören dann die Grüße in Übung 2. Stoppen Sie die CD nach jedem Gruß, die TN sprechen im Chor nach. Führen Sie dabei mit Ihrer Hand die Bewegung der Stimme nach oben und unten mit aus: Gehen Sie bei kurzen Einwortsätzen wie „Tag!" mit der Hand nach unten und machen Sie bei „Guten Tag!" eine Wellenbewegung von unten nach oben und wieder nach unten. Fordern Sie auch die TN auf, mit der Hand „mitzusprechen", so fällt die richtige Intonation leichter.

Arbeitsbuch 3–4: als Hausaufgabe

A3   **Aktivität im Kurs: Grußformen**

1. Schreiben Sie ein paar Uhrzeiten an die Tafel (6 Uhr, 11 Uhr, 18 Uhr, 22 Uhr) und malen Sie jeweils eine Uhr dazu.

2. Die TN sammeln aus den Gesprächen in A2, welcher Gruß zu welcher Uhrzeit passen könnte. Deuten Sie z.B. auf 6 Uhr und fragen Sie: „Guten Abend? Guten Morgen? Gute Nacht?" und zucken Sie mit den Schultern. Verweisen Sie auch auf den Infospot, um deutlich zu machen, dass man am Vormittag normalerweise mit „Guten Morgen", tagsüber mit „Guten Tag" und am Abend mit „Guten Abend" grüßt.
   ! Die TN müssen die Uhrzeiten hier nicht lernen oder anwenden können. Sie sind als zeitliche Hilfsstrukturen gedacht. Lesen Sie sie laut vor, wenn nötig.
3. Weisen Sie darauf hin, dass „Hallo" und „Tschüs" / „Auf Wiedersehen" an keine Uhrzeit gebunden sind.
4. Die TN finden sich paarweise zusammen und schreiben beliebige Uhrzeiten auf Kärtchen. Wenn Sie wenig Zeit im Kurs haben, verteilen Sie die aus der Kopiervorlage zu A3 (im Internet) ausgeschnittenen Kärtchen (für jedes Paar ein Set).
5. Machen Sie ein Beispiel vor, indem Sie ein Kärtchen hochhalten und die TN nach dem passenden Gruß fragen.
6. Die Paare halten nun abwechselnd eines ihrer Kärtchen hoch und grüßen entsprechend der Tageszeit auf dem Kärtchen. Die Partnerin / der Partner antwortet entsprechend. Gehen Sie herum und helfen Sie bei Schwierigkeiten.

LÄNDER   Viele Sprachen kennen keinen Unterschied zwischen „Guten Morgen" und „Guten Tag". Deshalb ist es wichtig, auf diesen
INFO   Unterschied in der deutschen Sprache hinzuweisen. Die Verwendung von „Guten Morgen", „Guten Tag", „Guten Abend" ist allerdings oft subjektiv. Faustregel: „Guten Tag" passt als Gruß im Zweifelsfall auch am Vormittag und bis in den frühen Abend. Wichtig: „Gute Nacht" ist ein Abschiedsgruß und passt nur spätabends, wenn klar ist, dass man jetzt nach Hause und voraussichtlich auch zu Bett gehen wird.

Ich heiße Timo.

W-Frage und Aussage
Lernziel: Die TN können eine andere Person nach dem Namen fragen und sich selbst mit Namen
vorstellen.

B   **1**

B1   Präsentation: Sich und andere vorstellen

1. Ziehen Sie eine Folie der Fotos. Die TN betrachten die Fotos im Buch. Je ein TN liest ein Beispiel unter den Fotos vor und versucht, es einem Foto zuzuordnen, indem sie/er auf das Foto deutet. Legen Sie die Folie auf den OHP und notieren Sie die Lösungen oder lassen Sie sie von einem TN schreiben. *Lösung:* Foto A: Ich bin Koko.; Foto B: Timo, das ist Koko.; Foto C: Ich heiße Timo.

2. Deuten Sie auf der Folie auf Foto C, schreiben und sagen Sie: „Ich heiße Timo. · Ich **bin** Timo." Warten Sie ab, ob die TN auch die Wendung „Mein Name ist Timo." nennen. Diese Wendung haben sie in der ersten Kursstunde bereits kennengelernt. Schreiben Sie diese Variante dazu.

3. Deuten Sie auf sich und sagen Sie: „Ich bin Frau/Herr ...", je nachdem, ob die TN Ihren Vornamen oder Nachnamen benutzen. Schreiben Sie die verschiedenen Möglichkeiten, sich vorzustellen, an die Tafel.

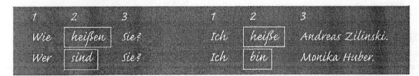

> *Ich heiße Timo. = Ich bin Timo.*
> *Ich bin Frau/Herr ... = Ich heiße ... = Mein Name ist ...*

4. *fakultativ:* Werfen Sie einem TN einen Ball zu und fragen Sie: „Wie heißen Sie?" Der TN nennt seinen Namen, wirft den Ball einem anderen TN zu und fragt nach dem Namen usw. Weisen Sie besonders schnelle TN darauf hin, dass sie sich mit allen drei nun bekannten Varianten, den eigenen Namen zu sagen, vorstellen sollen.

5. Zeigen Sie auf Foto B und sagen Sie: „Das ist Koko." Zeigen Sie dann auf einen TN und wenden Sie sich dabei an den Kurs: „Das ist ...". Einige TN stellen andere TN nach Ihrem Muster vor.

B2   Anwendungsaufgabe: Sich und andere vorstellen

1. Die TN hören das linke Gespräch einmal und lesen es dann in Partnerarbeit. Sie können das Gespräch auch einige Male im Plenum vorlesen lassen.

2. Die TN sprechen das Gespräch in Partnerarbeit mit ihren Namen im Wechsel. Spielfreudige TN können ihr Gespräch im Plenum vorspielen.

3. Die TN hören das rechte Gespräch. Drei TN lesen es vor.

4. Gehen Sie weiter vor wie oben beschrieben.

5. Weisen Sie die TN auf den Grammatikspot hin und notieren Sie an der Tafel:

1	*2*	*3*	*1*	*2*	*3*
Wie	*heißen*	*Sie?*	*Ich*	*heiße*	*Andreas Zilinski.*
Wer	*sind*	*Sie?*	*Ich*	*bin*	*Monika Huber.*

Zeigen Sie anhand des Tafelbilds, dass das Verb bei Fragen (?) und Aussagen (.) auf Position 2 steht. Die Ja/Nein-Fragen werden in Lektion 3 eingeführt.

6. *fakultativ:* Verteilen Sie das Satzpuzzle der Kopiervorlage L1/B2.

Arbeitsbuch 5–6: im Kurs: Die TN haben schon in Übung 2 auf Seite 82 gesehen, dass in deutschen Aussagesätzen die Stimme am Ende nach unten geht. Spielen Sie die Mini-Gespräche in Übung 5 mehrmals vor und zeigen Sie, dass bei besonders fragendem Tonfall, z.B. bei Rückfragen („Und wie heißen Sie?"), die Stimme am Ende auch nach oben gehen kann. Die TN sprechen die beiden Gespräche im Chor nach. Benutzen Sie wiederum Ihre Hand, um die Betonung auf dem Satzakzent und die Stimmbewegung anzuzeigen: Machen Sie jeweils bei der betonten Silbe im Satz eine Handbewegung wie ein Dirigent, der etwas pointieren möchte, und gehen Sie am Satzende mit der flachen Hand nach unten. Die TN sprechen die Gespräche auch in Partnerarbeit. Legen Sie dann eine Folie von Übung 6 auf und spielen Sie das Gespräch vor. Markieren Sie mit den TN gemeinsam die Betonung, also den Satzakzent, und die Satzmelodie. Die TN lesen auch dieses Gespräch in Partnerarbeit. Bitten Sie die TN abschließend, die Gespräche in Übung 5 und Übung 6 auch zu Hause selbstständig mithilfe ihrer CD zu üben.

Arbeitsbuch 7: in Stillarbeit oder als Hausaufgabe

B3   Aktivität im Kurs: Personenraten

1. Bitten Sie die TN vorab, Fotos von bekannten Persönlichkeiten mit in den Unterricht zu bringen. *Variante:* Sie können die TN auch bitten, einfach nur Zeitungen/Zeitschriften mitzubringen. Die TN schneiden dann die Fotos im Unterricht aus. Ziehen Sie das Foto einer berühmten Persönlichkeit auf Folie und fragen Sie: „Wer ist das?" Zucken Sie mit den Schultern, sehen Sie betrübt aus und sagen Sie: „Ich weiß es nicht!"

2. Die TN raten, wer die Person ist. Je nach Antwort nicken Sie mit dem Kopf und sagen Sie: „Ja, stimmt!" oder schütteln Sie den Kopf und sagen Sie: „Nein!" Die TN lesen auch die Beispiele im Buch.

3. Die TN bilden Viergergruppen und spielen das Personenratespiel mit den Fotos, die sie mitgebracht haben.

Arbeitsbuch 8–11: in Stillarbeit oder als Hausaufgabe

C Ich komme aus Finnland.

Verbkonjugation *ich, Sie, du*

Lernziel: Die TN können ihr Herkunftsland nennen und nach dem Herkunftsland einer Person fragen. Sie können über ihre Sprachkenntnisse Auskunft geben.

Materialien
C1 Kopiervorlage L1/C1
C2 Kopiervorlage L1/C2
C3 Kopiervorlage L1/C3, Würfel, Spielfiguren

C1 **Präsentation der Verbkonjugation:** *ich, Sie, du*

1. Die TN betrachten die Fotos. Spielen Sie zunächst das linke Gespräch vor, deuten Sie auf die Fotos und fragen Sie: „Sprechen die Personen hier oder hier?" Die TN deuten auf das passende Foto.
2. Verfahren Sie ebenso mit dem Gespräch rechts. *Lösung:* Gespräch 1: Foto A; Gespräch 2: Foto B
3. Die TN hören noch einmal beide Gespräche. Schreiben Sie an die Tafel:

> *Frau Wagner: Woher komm**en Sie**, Herr Arhonen?*   *Oliver: Woher komm**st du**, Timo?*
> *Aus Finnland.*

4. Spielen Sie ein ähnliches Gespräch mit den TN. Wenden Sie sich etwas höflich distanziert an einen TN und sagen Sie: „Guten Tag. Mein Name ist ... . Wie heißen Sie?" Geben Sie dem TN Gelegenheit zur Antwort und sagen Sie: „Freut mich. Woher kommen Sie?" Wenden Sie sich dann an zwei TN, die sich gut kennen und/oder per du sind und denen Sie zutrauen, dass sie den Dialog richtig vorsprechen. Bitten Sie sie, den Dialog mit „du" zu sprechen.
5. Erklären Sie in Ihrer Sprache, dass es im Deutschen zwei Anredeformen gibt: „Du" wird im Allgemeinen für Kinder und Jugendliche, unter Studenten und Freunden und in der Familie verwendet. Auch Arbeitskollegen in Firmen mit flacher Hierarchie duzen sich heutzutage. Hier ist es aber sicherer, zunächst beim „Sie" zu bleiben und abzuwarten, ob einem die andere Person das Du anbietet. Sonst gilt: Fremde Personen siezen! Zeigen Sie auch gestisch die Verwendung von „Sie" und „du", indem Sie mit der Körperhaltung einen gewissen Abstand einnehmen, diesen mit den Händen abmessen und „Sie" sagen, während Sie durch geringeren Abstand Nähe ausdrücken und „du" sagen. Verweisen Sie auch auf den Grammatikspot.
   Beziehen Sie die Sprachkenntnisse der TN mit ein, indem Sie die deutschen Anredeformen mit den Anredeformen in der Muttersprache der TN und ihnen bekannten Sprachen wie Englisch vergleichen. Wo gibt es Unterschiede? Wo sind Ähnlichkeiten? Wenn Sie und Ihre TN auch den Unterschied zwischen „du" und „Sie" in Ihrer Sprache haben, sollten Sie ganz besonders darauf achten, eventuelle Unterschiede in der Anwendung deutlich zu machen. So kennt z.B. auch das Finnische eine Du- und eine Sie-Form, die Sie-Form wird aber weit seltener angewendet als im Deutschen. Eine 1:1-Entsprechung ist also nicht automatisch gegeben. Im Gegenteil, hier entstehen besonders leicht Fehler!
6. *fakultativ:* Wenn Sie die Verwendung der Anredeformen „du/Sie" noch vertiefen möchten, verteilen Sie die Kopiervorlage L1/C1.

Arbeitsbuch 12: in Stillarbeit

C2 **Anwendungsaufgabe zur Verbkonjugation:** *ich, Sie, du;* Ländernamen

1. Die TN lesen zunächst das erste Mini-Gespräch und ergänzen dieses im Plenum.
2. Die TN bearbeiten die weiteren Gespräche in Stillarbeit und lesen sie dann in Partnerarbeit.
   Lösung: a) ... Sie?; b) kommst; c) ... kommen Sie?; d) ..., woher kommst du?
3. Die TN sehen sich die Tabelle im Buch an. Stellen Sie sicher, dass die TN die exemplarisch genannten Ländernamen verstehen, und ergänzen Sie ggf. den deutschen Namen Ihres Landes. Erklären Sie kurz, dass Ländernamen normalerweise ohne Artikel stehen. Wenige Länder haben allerdings einen Artikel (siehe Beispiele in der Tabelle). Da es dafür keine Regeln gibt, müssen diese auswendig gelernt werden. Auf der Niveaustufe A1 ist es aber nicht notwendig, dass sich die TN alle Ländernamen merken. Sie sollten ihr eigenes Herkunftsland auf Deutsch nennen können, ggf. auch mit dem korrekten Artikel, und die Länder Deutschland, Österreich und Schweiz kennen.
   > Gehen Sie hier nicht auf die Dativformen der Artikel ein. Es reicht an dieser Stelle aus, wenn die TN sie als Formeln korrekt anwenden können.
4. *fakultativ:* Wenn Ihre TN trotzdem sehr interessiert sind, einige Ländernamen auf Deutsch kennenzulernen und sich vielleicht sogar zu merken, bieten Sie ihnen für eine Stillarbeit oder als Hausaufgabe Kopiervorlage L1/C2 an. Die TN vergleichen die deutschen Länderbezeichnungen mit Hilfe ihrer Fremdsprachenkenntnisse. Aufgrund der internationalen Ähnlichkeit der Bezeichnungen fällt es ihnen sicher nicht schwer, sich die deutschen Namen einzuprägen.

Ich komme aus Finnland.

Verbkonjugation *ich, Sie, du*

Lernziel: Die TN können ihr Herkunftsland nennen und nach dem Herkunftsland einer Person fragen. Sie können über ihre Sprachkenntnisse Auskunft geben.

C3 **Erweiterung: Verbkonjugation bei *ich, Sie, du***

1. Ziehen Sie die Zeichnung auf eine Folie und präsentieren Sie sie dem Kurs. Die Bücher sind geschlossen. Fragen Sie die TN in Ihrer Sprache: „Wo sind die Personen wohl? Worüber sprechen sie?"

2. Die Bücher bleiben geschlossen. Die TN hören das Kurzinterview. Fragen Sie die TN, was sie verstanden haben. Was hat der Radioreporter gefragt?

3. Die TN öffnen ihr Buch. Sie lesen die Verbformen über der Aufgabe, dann hören sie das Interview noch einmal und ergänzen die Lücken.

4. Weisen Sie auf den Grammatikspot hin und fragen Sie, wie diese Fragen bei der Sie-Anrede lauten. Schreiben Sie die Sie- und die Du-Fragen als Gegenüberstellung an die Tafel. Außer „kommen" sind alle diese Verben Ausnahmen. Die TN sollten sich die Verbformen daher zunächst als Formeln merken. Eine Vertiefung und Systematisierung erfolgt in Lektion 2. Um aber einen Überblick über die gelernten Verbformen zu bekommen und sich ein erstes System zur Konjugation zu erarbeiten, sollten die TN in Stillarbeit oder als Hausaufgabe selbstständig die Tabelle im Arbeitsbuch, Übung 15, ausfüllen. Fragen Sie bei der Korrektur, was den TN bei den Verb-Endungen aufgefallen ist, und machen Sie, wenn nötig, noch einmal deutlich, dass „-e" die Verb-Endung der 1. Person Präsens Singular ist, „-st" die Endung der 2. Person Präsens Singular und „-t" die Endung der 3. Person Präsens Singular.

5. *fakultativ:* Wenn Ihr Kurs aus schon sehr geübten Lernern besteht, verteilen Sie die Kopiervorlage L1/C3 an Kleingruppen von 3–4 TN. Jede Gruppe erhält Würfel und Spielfiguren. Die TN würfeln und rücken ihre Spielfigur je nach Augenzahl vor. Sie bilden die passende Verbform je nach gewürfelter Zahl. Alle Verben sind den TN durch die Übungsanweisungen im Buch schon vertraut.

Arbeitsbuch 13–14: in Stillarbeit oder als Hausaufgabe; 16–18: in Stillarbeit oder als Hausaufgabe

PHONETIK   Arbeitsbuch 19: im Kurs: Schriftbild und Lautbild stimmen nicht immer überein. Das können Sie den TN insbesondere an den Diphthongen „ei" und „eu" sehr gut zeigen. Die TN hören Übung 19. Stoppen Sie die CD nach jedem Wort bzw. Satz und bitten Sie die TN nachzusprechen. Fragen Sie die TN nach anderen Wörtern aus der Lektion mit diesen Lauten und notieren Sie die Vorschläge der TN an der Tafel (z.B. Schweiz, Österreich, Auf Wiedersehen ...). Die TN sprechen die Wörter an der Tafel.

C4 **Aktivität im Kurs: Über die eigenen Sprachkenntnisse sprechen**

1. Sagen Sie den TN, welche Sprachen Sie sprechen: „Ich spreche ..." Fragen Sie exemplarisch einen TN: „Und was sprechen Sie?" Deuten Sie dabei im Buch auf den Infospot, damit sie/er sich ggf. die Sprachen zusammensuchen kann.

2. Fragen Sie die TN, ob sie noch andere Sprachen sprechen, die im Infospot fehlen, und ergänzen Sie diese an der Tafel.

3. Die TN stehen auf und gehen im Kursraum umher. Dabei befragen Sie verschiedene Interviewpartner nach ihren Sprachkenntnissen. Mischen Sie sich auch darunter. So können Sie „Ihre" Interviewpartner diskret sprachlich korrigieren, falls nötig.

1

D | Buchstaben

Alphabet

Lernziel: Die TN können die Buchstaben und ihren Namen buchstabieren. Sie können sich am Telefon nach einer Person erkundigen.

Materialien
D1 Kärtchen mit den Buchstaben des Alphabets
D2 Kopiervorlage L1/D2

D1 **Präsentation des Alphabets**
1. Die TN hören das Alphabet einmal ganz und sprechen beim zweiten Hören mit.
2. Zeigen Sie auf Kärtchen Buchstaben in willkürlicher Reihenfolge. Die TN nennen jeweils den Buchstaben auf dem Kärtchen.

D2 **Erweiterung: Unbekannte Buchstaben**
1. Schreiben Sie an die Tafel:

2. Fragen Sie die TN: „Welche Buchstaben sind neu für Sie?" Schreiben Sie Buchstaben, die Ihren TN unbekannt sind, an die Tafel, z.B. „ß".
3. Die TN markieren die Buchstaben, die sie nicht kennen.
   Hinweis: Nicht für jede Ausgangssprache sind dieselben Buchstaben unbekannt: Die türkische Sprache z.B. kennt „ö" und „ü", aber „j" nicht, während es sich für spanischsprachige TN genau umgekehrt verhält. Wandeln Sie daher die Aufgabe nach den Bedürfnissen Ihres Kurses um: Gesucht werden im Folgenden Wörter mit in Ihrer Sprache unbekannten Buchstaben. Die TN suchen allein oder in Partnerarbeit Wörter aus der Lektion mit „neuen" Buchstaben.
4. *fakultativ:* Spielen Sie mit den TN Alphabet-Bingo (Kopiervorlage L1/D2): Jeder TN trägt in sein Bingo-Blatt neun Buchstaben seiner Wahl ein. Kreuzen Sie verdeckt verschiedene Buchstaben auf dem Kontrollblatt (auf Folie) an und sagen Sie sie laut an. Die TN markieren die Buchstaben auf ihrem Bingoblatt, wenn sie genannt werden. Wer zuerst alle neun Buchstaben angekreuzt hat, ruft „Bingo!" und hat, wenn alles richtig ist, gewonnen. Zur Kontrolle liest der TN seine Buchstaben noch einmal laut vor. Kontrollieren Sie mithilfe des Kontrollblatts. Bei der nächsten Runde kann ein TN die Ansage / das Kontrollblatt übernehmen.

D3 **Anwendungsaufgabe zum Alphabet**
1. Bilden Sie Dreiergruppen.
2. Die TN buchstabieren sich gegenseitig ihre Namen. Die Partner schreiben den Namen auf. Die TN korrigieren einander.
3. *fakultativ:* Einige TN buchstabieren ihren Namen im Plenum.

D4 **Anwendungsaufgabe: Den Namen am Telefon buchstabieren**
1. Die TN betrachten die Fotos und hören das Telefongespräch ggf. mehrmals an.
2. Die TN lesen das Telefongespräch in Partnerarbeit.
3. Schreiben Sie mithilfe der TN ein Dialoggerüst für dieses Telefonat an die Tafel:

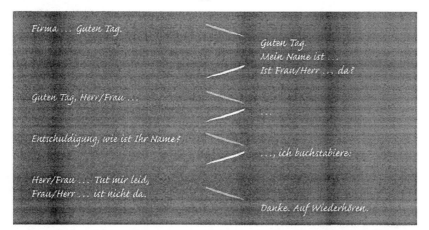

4. Die TN finden sich paarweise zusammen. Sie spielen das Telefongespräch mit Hilfe des Dialoggerüsts nach und verwenden dabei ihren eigenen Namen. Zum Abschluss können zwei oder drei Paare ihr Gespräch dem Plenum präsentieren.

Arbeitsbuch 20: in Partnerarbeit: Die TN ergänzen, lesen und spielen die Gespräche. 21–23: in Stillarbeit oder als Hausaufgabe

Buchstaben

Alphabet

Lernziel: Die TN können die Buchstaben und ihren Namen buchstabieren. Sie können sich am Telefon nach einer Person erkundigen.

D **1**

D5 Aktivität im Kurs: Spiel: „Die Buchstabenmaus"

1. Führen Sie das Spiel exemplarisch vor, indem Sie für jeden Buchstaben des Wortes „tschüs" einen kurzen Strich an die Tafel zeichnen. Die TN versuchen, das Wort zu erraten, indem sie verschiedene Buchstaben nennen. Jeder richtige Buchstabe wird eingetragen. Nennen die TN einen Buchstaben, der im gesuchten Wort „tschüs" nicht vorkommt, zeichnen Sie ein Stück einer Maus: zuerst den Körper, dann ein Ohr, dann das zweite Ohr usw. Wenn die TN das Wort erraten haben, zeigen Sie zur Veranschaulichung auch die Fotos mit der Lösung im Buch.
2. Der TN, der das Wort zuerst erraten kann, kommt als Nächster an die Tafel und darf sich ein Wort ausdenken.

LERN
TAGEBUCH

Arbeitsbuch 24: Die TN lernen, wichtige Formeln und Redemittel nach einem Oberbegriff geordnet zu notieren. Diese Redemittel werden zunächst in die Muttersprache übersetzt (siehe auch S. 33). Das ist besonders am Anfang wichtig, weil Sprachenlerner dazu neigen, Wort für Wort zu übersetzen. Dies ist aber oft nicht möglich, vgl. Deutsch „Wie geht es Ihnen?" und Englisch „How are you?" Die TN lernen auch, die Verbkonjugation der ersten, zweiten Person Singular und der dritten Person Plural tabellarisch zu ordnen. Den TN wird hier eine erste systematische Ordnung für grammatische Strukturen vermittelt. Die TN ergänzen die fehlenden Formen in der Tabelle. Später können sie weitere Verben in ihre Tabelle aufnehmen und konjugieren.

1

E | Adresse

Visitenkarten, Anmeldeformular
Lernziel: Die TN können eine Visitenkarte lesen und ein Anmeldeformular mit ihren persönlichen Angaben ausfüllen.

Materialien
E1 farbige Stifte/Marker, eine Visitenkarte auf Folie
E3 *Variante:* ein Original-Anmeldeformular auf Deutsch
Test zu Lektion 1

E1 — **Leseverstehen: Visitenkarten**

1. Die TN brauchen farbige Stifte in Gelb, Blau, Rot und Grün. Präsentieren Sie die erste Visitenkarte „TeliaCom" auf einer Folie und markieren Sie gemeinsam mit den TN Vorname, Familienname, Straße und Land in der jeweils richtigen Farbe. Besprechen Sie mit den TN in Ihrer Sprache, welche Angaben die Visitenkarte außerdem enthält (Telefonnummer, Internetadresse ...).
2. Die TN markieren allein oder zu zweit die Angaben in den anderen Visitenkarten. Gehen Sie herum und kontrollieren Sie, ob die TN die richtige Farbe verwenden.
3. Die TN lesen die Aufgabenstellung b) und ergänzen die Länder zu den internationalen Länderabkürzungen. Fragen Sie die TN auch nach der internationalen Abkürzung für ihr Land. *Lösung:* D = Deutschland; A = Österreich; CH = Schweiz
4. *fakultativ:* Die TN gestalten zu Hause am Computer eine eigene Visitenkarte. Alle Abkürzungen und eventuell genannten Berufsnamen sollten auf Deutsch sein. Die Visitenkarten werden im Kursraum aufgehängt.

E2 — **Schreiben: Ein Formular ausfüllen**

1. Die TN betrachten die Zeichnung und das Anmeldeformular. Stellen Sie Fragen in Ihrer Sprache: „Wer sind die Personen? Wo spielt die Situation? Was für ein Formular ist das?"
2. Die TN hören das Gespräch und füllen das Formular aus. Abschlusskontrolle im Plenum. Schreiben Sie die Lösungen auch an die Tafel, um die korrekte Schreibweise sicherzustellen.
   Lösung: Familienname: Kremser; Vorname: Maria; Stadt: Schaan

E3 — **Schreiben: Ein Formular mit den eigenen persönlichen Angaben ausfüllen**

Die TN füllen das Formular mit ihrem Namen und ihrer Adresse aus.
Variante: Suchen Sie im Internet nach einem Anmeldeformular einer deutschen Sprachschule und bringen Sie so ein Originalformular mit in den Kurs. Die TN ergänzen ihre Adresse im Formular.

Arbeitsbuch 25–27: in Stillarbeit

Einen Test zu Lektion 1 finden Sie auf Seite 116 f. Weisen Sie die TN auf die interaktiven Übungen auf ihrer Arbeitsbuch-CD hin. Die TN können mit diesen Übungen den Stoff der Lektion selbstständig wiederholen und sich ggf. auch auf den Test vorbereiten. Tipp: Fragen Sie in der nächsten Unterrichtsstunde nach, wer die Übungen ausprobiert hat und wie es den TN damit ergangen ist. Wenn Sie an Ihrer Sprachschule einen Computerraum zur Verfügung haben, bieten Sie für die erste Lektion an, die Übungen gemeinsam mit dem Kurs durchzugehen. So können Sie helfen, wenn die TN mit den Übungsformen noch nicht vertraut sind.

Zwischenspiel 1
Grüezi! Guten Tag! Grüß Gott!

Landeskunde: Grußformen in den deutschsprachigen Ländern

1   Hörverstehen: Ein einfaches Lied verstehen

1. Die TN lesen die Aufgabe. Spielen Sie das Lied vor. Die TN ergänzen, woher die drei Personen kommen.
   Lösung: Herr Meier: aus Deutschland; Frau Bärtschi: aus der Schweiz; Frau Pöltl: aus Österreich
2. Wenn Sie eine Landkarte der deutschsprachigen Länder im Kursraum haben, bitten Sie die TN, Deutschland, Österreich und die Schweiz auf dieser Karte zu zeigen. Haben Sie keine Landkarte, können die TN die Länder auch im Buch in der vorderen Umschlagseite zeigen.
3. Teilen Sie die Kopiervorlage „Zwischenspiel zu Lektion 1" aus. Die TN hören das Lied noch einmal und ergänzen den Lückentext.
4. Abschlusskontrolle im Plenum. *(Lösung:* siehe Hörtext)

2   Ein einfaches Lied singen

1. Spielen Sie das Lied noch einmal vor. Die TN klatschen den Rhythmus mit oder stampfen ihn mit dem Fuß auf den Boden.
2. Die TN haben mit dem ergänzten Lückentext eine vollständige Transkription des Liedes und können jetzt mitsingen. Sie singen das Lied zunächst gemeinsam im Chor. Geben Sie dann Solo-Rollen an TN, die gern singen (Herr Meier, Frau Bärtschi, Frau Pöltl, Koko). Eine andere Möglichkeit: Diese TN machen den Vorsänger (linke Spalte der Transkription), der restliche Kurs wiederholt das Gesungene (rechte Spalte). TN, die gar nicht singen möchten, können das Lied mitsummen oder die Combo darstellen, indem sie den Rhythmus mitklopfen, -stampfen oder -klatschen.

TIPP

Lieder sind eine motivierende Abwechslung im Unterricht. Insbesondere stark rhythmische Lieder wie dieses eignen sich gut zum Üben von Wort- und Satzakzent. Da es sich um Sprechgesang handelt, kann auch mitsingen, wer glaubt, nicht singen zu können. Oder die TN können das Lied als Dialog sprechen. Trotzdem: Wenn die TN starke Hemmungen haben zu singen, sollten Sie den Einsatz von Liedern im Unterricht nicht überdehnen. Im Vordergrund sollte immer der Spaß am Lied stehen. Singen Sie auf jeden Fall immer selbst mit, um die TN zum Mitmachen zu animieren. Weitere Möglichkeiten, das Lied im Unterricht einzusetzen:

1. Statt den Liedtext als Lückentext zu präsentieren, schneiden Sie die Transkription des Liedtextes in mehrere Teile wie ein Puzzle. Die TN hören das Lied und setzen dabei den Liedtext zusammen.
2. Wenn die TN Spaß am Singen und Spielen haben, gestalten Sie das Lied als Singspiel mit verteilten Rollen. Der Chor singt „Wer ist das?" und deutet dabei auf den TN, der Herrn Meier spielt. Wenn dieser sich vorstellt, deutet er auf sich usw. Bei „Hallo" kann der Chor Herrn Meier z.B. zuwinken.
3. Das Lied eignet sich sehr gut, um den Lektionsstoff zu wiederholen. Dazu setzen einzelne Solisten ihren eigenen Namen in das Lied ein („Ich bin Susan Wilkins und ich komme aus den USA. Ich spreche Englisch."). Das Lied wird so variiert.

3   Grußformen in den deutschsprachigen Ländern

1. Fragen Sie die TN, was für Grußformen die drei Personen verwenden. Verweisen Sie auch auf die Überschrift des Zwischenspiels. Sammeln Sie alle Grüße, die die TN nennen, an der Tafel.
2. Die TN bearbeiten allein oder zu zweit die Übung 2 auf der Kopiervorlage zum Zwischenspiel. Vielleicht können die TN nicht alle Grußformen auf Anhieb richtig zuordnen. Wichtig ist hier, dass die TN feststellen, dass es in den deutschsprachigen Ländern verschiedene Grußformen gibt. Helfen Sie bei der abschließenden Kontrolle mit den Grüßen, für die die TN keine Zuordnungsmöglichkeit gefunden haben.
   Lösung: Deutschland: Guten Tag! / Hallo!; Grüß Gott! / Servus! (nur in Süddeutschland) Auf Wiedersehen! / Tschüs!; Auf Wiederschaun! / Servus! (nur in Süddeutschland); Österreich: Grüß Gott! / Servus!; Auf Wiederschaun! / Servus!; Schweiz: Grüezi! / Salü!; Uf Widerluege! / Tschau!

LÄNDER INFO

Deutsch ist wie Englisch eine sogenannte plurizentrische Sprache. D.h. es wird in verschiedenen Staaten und Regionen der Welt als Muttersprache gesprochen, für jedes Sprachzentrum haben sich eigene Varianten für bestimmte Wörter und die Aussprache bestimmter Laute entwickelt.
In Süddeutschland und Österreich sagt man statt „Guten Tag" im Allgemeinen „Grüß Gott". Wenn man eine Person duzt auch „Grüß dich" oder „Servus". „Servus" ist zugleich ein Abschiedsgruß. In der Schweiz grüßt man mit „Grüezi" oder „Salü".

Weitere Materialien für noch mehr Abwechslung im Unterricht finden Sie unter www.hueber.de/schritte-international.

FAMILIE UND FREUNDE

2

Folge 2: *Langen-Zerrsdorf?*
Einstieg in das Thema: Herkunft und Familie

Materialien
1 Fotos auf Folie

1

Vor dem Hören: Vermutungen über die Protagonisten der Foto-Hörgeschichte anstellen

1. Kopieren Sie die Fotos, wenn möglich in Farbe, auf eine Folie. Die Bücher bleiben zunächst geschlossen. Zeigen Sie die Fotos und fragen Sie, indem Sie auf die Fotos von Anton und Timo zeigen: „Wer ist das?" Die TN können jetzt schon auf Deutsch antworten. Zugleich rufen sie sich die erste Foto-Hörgeschichte wieder ins Gedächtnis. Fragen Sie auch, was in der ersten Folge passiert ist. Sprechen Sie dazu in Ihrer Sprache. Durch die Beschäftigung mit der ersten Folge werden die TN auch auf die neue Folge eingestimmt.
2. Zeigen Sie dann auf die Fotos B und C und fragen Sie wieder: „Wer ist das?" Die TN stellen Vermutungen in ihrer Sprache an.
3. Die TN öffnen ihr Buch und lesen still die Aussagen zu den Fotos. Erklären Sie die Wörter „wohnen", „leben", „geboren sein" und mit Hilfe der kleinen Zeichnung auch „Großmutter".
4. Die TN ordnen die Aussagen den Fotos zu. Abschlusskontrolle im Plenum.
   Lösung: Foto A: Ich bin Anton ...; Foto B: Ich bin Corinna ...; Foto C: Ich bin Klara ...

2

Vor dem Hören: Schlüsselwörter verstehen

1. In dieser Foto-Hörgeschichte spielen Missverständnisse, die sich durch die falsche Aussprache von Wörtern ergeben, eine Rolle. Die TN sehen sich zunächst die Landkarten an und entscheiden, um welche beiden Länder es sich handelt. Helfen Sie, wenn nötig. (*Lösung:* Finnland und Österreich)
2. Die TN lesen sich in Partnerarbeit die beiden Ortsnamen vor und versuchen, sie auszusprechen. Dabei geht es nicht um richtig oder falsch! Die TN sollen durch ihre Schwierigkeiten bei der korrekten Aussprache erkennen, welche Probleme dabei entstehen können. Gehen Sie herum und hören Sie den Paaren bei ihren Aussprache-Versuchen zu. Helfen Sie aber nicht mit der korrekten Aussprache, falls sie Ihnen bekannt ist.

3

Beim ersten Hören

1. Die TN sehen sich die Fotos an. Teilen Sie den Kurs in zwei Gruppen und geben Sie jeder Gruppe einen Hörauftrag: Gruppe 1 achtet darauf, wie die beiden Orte aus Aufgabe 2 tatsächlich ausgesprochen werden. Gruppe 2 versucht herauszufinden, wer die Personen auf dem Foto in Foto 6 sind.
2. Die TN hören die Foto-Hörgeschichte. Abschlusskontrolle im Plenum. Erlauben Sie Gruppe 2, in ihrer Sprache zu sprechen. Gruppe 1 versucht, die Ortsnamen richtig auszusprechen. *Lösung:* Foto 6: Timos Familie: seine Eltern und seine Schwester

4

Nach dem ersten Hören: Wichtige Informationen über die Protagonisten verstehen

1. Die TN lesen still die Zitate aus der Foto-Hörgeschichte. Lesen Sie sie, wenn Sie möchten, auch noch einmal laut vor, damit die TN einen Eindruck von der richtigen Aussprache haben.
   Hinweis: Wenn die TN schon Englisch als erste Fremdsprache gelernt haben, sind Worterklärungen an dieser Stelle nicht notwendig. Die TN können dann sicher Wörter wie „Freund", „Schwester" oder „Familie" verstehen.
2. Die TN hören die Foto-Hörgeschichte noch einmal und kreuzen ihre Lösungen an.
   Variante: Wenn Sie besonders schnelle und sprachgeübte TN im Kurs haben, können diese auch zuerst ihre Lösungen ankreuzen. Sie kontrollieren sich selbst beim zweiten Hören.
3. Abschlusskontrolle im Plenum. *Lösung:* a) richtig; b) falsch; c) richtig; d) richtig; e) richtig

5

Nach dem Hören: Varietäten des Deutschen: Österreichisch

1. Die TN lesen die Aufgabe. Wenn Sie mit den TN das Zwischenspiel zu Lektion 1 bearbeitet haben, dann wissen die TN schon, dass das Deutsche in Deutschland, Österreich und in der Schweiz für manche Wörter mehrere Varianten hat und dass die Aussprache teilweise unterschiedlich ist. Haben Sie das Zwischenspiel nicht im Unterricht behandelt, erklären Sie es den TN an dieser Stelle.
2. Die TN hören noch einmal die Foto-Hörgeschichte zu Foto 1 und Foto 2 und kreuzen ihre Lösungen an.
3. Abschlusskontrolle im Plenum. *Lösung:* Deutschland: sehr gut; Österreich: leiwand

TIPP

Die Foto-Hörgeschichte enthält wichtige Redemittel für den Alltag, die sich gut als Formeln einüben und merken lassen. Nutzen Sie daher Zitate aus den Foto-Hörgeschichten (z.B. Aufgabe 4) dazu, mit den TN z.B. die Intonation zu üben, die Sätze nachzusprechen oder sie auch nachzuspielen. Durch den Hörspielcharakter und den situativen Kontext der Foto-Hörgeschichte wird das Memorieren wichtiger Redemittel erleichtert und eine gute Aussprache trainiert.

Wie geht's? – Danke, sehr gut.

Lernziel: Die TN können sich nach dem Befinden erkundigen und über ihr Befinden sprechen.

A 2

A1 **Präsentation der Wendung „Wie geht's?"**
1. Die TN sehen sich die Bilder an. Verweisen Sie auf das erste Beispiel, unterstützen Sie es durch Mimik und Gestik und sagen Sie mit Begeisterung: „Super!"
2. Die TN hören die Minidialoge und überlegen, welches Gespräch zu welchem Bild passt. Bei Verständnisschwierigkeiten oder Unklarheiten spielen Sie die Gespräche mehrmals vor und machen die jeweils passende Mimik/Gestik mit (z.B.: Strecken Sie bei „super" den Daumen nach oben und strahlen Sie.).
Lösung:

 1   **2**   **3**   **4**   **5**

3. Lesen Sie die Antworten noch einmal mit viel Mimik/Gestik vor und fordern Sie die TN auf mitzumachen. Lassen Sie die TN nachsprechen und achten Sie dabei besonders auf die Intonation/Stimm-Modulation.

A2 **Variation: Anwendungsaufgabe zu „Wie geht's?"**
1. Die TN betrachten die Fotos. Fragen Sie: *„Sie* oder *du*? Was meinen Sie?" Die TN stellen Vermutungen darüber an, wie sich die Personen anreden.
2. Die TN hören die Gespräche.
3. Verweisen Sie auf den Infospot und zeigen Sie auch mithilfe der Fotos, dass „Wie geht es Ihnen?" für die Anrede mit „Sie" und „Wie geht es dir?" für die Anrede mit „du" gebraucht wird.
4. Die TN sprechen die Gespräche in Partnerarbeit mit ihrem eigenen Namen und den Varianten.

    ❗ Denken Sie bitte daran, dass es ausschließlich darum geht, die Wendungen lexikalisch einzuschleifen, um sie als Redemittel für die TN bereitzustellen. Erklärungen zum Dativ sind an dieser Stelle nicht notwendig. Die Dativpronomen werden in *Schritte international 2*, Lektion 13, behandelt.

PHONETIK **Arbeitsbuch 1:** im Kurs: Die TN kennen die Stimmbewegung bei W-Fragen und auch den Satzakzent schon von Lektion 1 her. Deshalb dürfte ihnen diese Übung keine Schwierigkeiten bereiten. Die TN hören die CD und markieren den Satzakzent. Bei der anschließenden Kontrolle stampfen die TN bei der Silbe, die den Satzakzent trägt, jeweils mit dem Fuß auf. Dadurch bekommen sie ein Gespür für die Gewichtung dieser Silbe. Setzen Sie für die Stimmbewegung nach unten (W-Frage) und nach oben (Rückfrage) auch wieder Ihre Hand ein.

Arbeitsbuch 2: in Stillarbeit oder als Hausaufgabe; 3–4: in Partnerarbeit oder als Hausaufgabe: Die TN können ihre Gespräche vorspielen, wenn sie möchten.

A3 **Aktivität im Kurs: Rollenspiel**
1. Die TN sehen sich die Zeichnungen an und entscheiden jeweils, wie sich die Personen anreden. Fragen Sie ggf. nach, warum die TN sich für eine bestimmte Lösung entschieden haben.
    Lösungsvorschlag: A: du; B: du oder Sie (beides ist möglich, je nach Vertrautheit unter den Nachbarinnen); C: du (der Lehrer zum Schüler); D: Sie
2. Zwei TN lesen den Musterdialog vor und führen ihn zu Ende.
3. Die TN finden sich paarweise zusammen. Lassen Sie die Paare ganz nach Neigung frei entscheiden, ob sie die Gespräche zu den Zeichnungen mündlich sprechen möchten oder ob sie sie aufschreiben möchten. Manche TN fühlen sich beim Schreiben sicherer! Für TN, sie sich mit dem Erfinden von Gesprächen noch schwer tun, können Sie die Kopiervorlage zu A3 (im Internet) kopieren und verteilen. Sammeln Sie die aufgeschriebenen Gespräche zur Korrektur ein und lassen Sie ein paar Gespräche vorspielen von Paaren, die die Gespräche mündlich durchgespielt haben. Bitten Sie diese Paare aufzustehen und nach vorne zu kommen. So können die TN die Gespräche richtig nachspielen und nicht nur sprechen.
    Hinweis: Machen Sie die TN, wenn nötig, darauf aufmerksam, dass sich nicht immer beide Personen gegenseitig nach dem Wohlbefinden erkundigen (müssen). Je nach Situation kann es passender sein, dass nur der eine den anderen fragt (z.B. Situation B, Situation C).

2 **B** Das ist **mein** Freund Timo.

Possessivartikel *mein, meine*
Lernziel: Die TN können Familienmitglieder und Freunde vorstellen.

Materialien
B2 Kopiervorlage L2/B2
B3 Familienfotos
Tipp: Familienfotos, ein Plakat

B1 **Präsentation des Wortfelds „Familienmitglieder"**

1. Die TN sehen die Fotos im Buch an und hören die Texte. Sie ergänzen diese in Stillarbeit.
2. Abschlusskontrolle im Plenum. *Lösung:* Großmutter, Eltern, Vater, Mutter, Schwester
   Variante: Beziehen Sie ggf. die Englischkenntnisse der TN ein und lassen Sie sie die Aufgabe zunächst ohne die CD/Kassette lösen. Bis auf das Wort „Eltern" sind alle Wörter aus dem Englischen erschließbar. Die TN hören anschließend die CD/Kassette und kontrollieren sich dabei selbstständig.

B2 **Präsentation der Possessivartikel *mein, meine*; Erweiterung des Wortfelds „Familienmitglieder"**

1. Die TN lesen die Wörter unter der Arbeitsanweisung. Fragen Sie sie, welche Wörter sie verstehen können – entweder aufgrund ihrer Fremdsprachenkenntnisse (z.B. Englisch) oder auch der eigenen Sprache. Weisen Sie auch auf den Infospot hin.
2. Die TN sehen sich die Zeichnungen an und lesen die vorgegebenen Beispiele. Sie hören die Gespräche und notieren die Familienmitglieder zu den Nummern.
3. Abschlusskontrolle im Plenum. Führen Sie dabei zusätzlich den Begriff „meine Frau" ein.
   Lösung: 2 Sohn; 3 Tochter; 2 und 3 Kinder; 4 Bruder; 5 Schwester; 4 und 5 Geschwister; 6 Opa; 7 Oma; 6 und 7 Großeltern
4. Zeichnen und schreiben Sie zur Systematisierung der Possessivartikel ein Tafelbild. Lassen Sie dabei die TN möglichst viel mündlich mithelfen.

Unterstreichen Sie „Vater" usw. grün und ebenso den Possessivartikel „mein"; „Mutter" usw. rot und ebenso den Possessivartikel „meine" und „Eltern" und „Kinder" und den Plural gelb. Verweisen Sie auch auf den Grammatikspot. Als Hausaufgabe können sich die TN die Formen des Possessivartikels auch noch einmal mit Übung 8 im Arbeitsbuch bewusst machen. Dort soll das Farbschema selbstständig angewendet werden.

! Es ist hier nicht notwendig, die drei Artikel „der, die, das" zur Verdeutlichung des Neutrums einzuführen. Die bestimmten Artikel sind erst Thema in Lektion 4.

5. Verdeutlichen Sie den Unterschied von „Das ist ..." und „Das sind ..." mit einem Beispiel an der Tafel:

6. *fakultativ:* Verteilen Sie die Kopiervorlage L2/B2. Die TN ergänzen das Arbeitsblatt. *Lösungen:* a) Mutter, Tochter; b) Mann, Frau; c) Bruder, Bruder; d) Mutter, Sohn; e) Eltern

Arbeitsbuch 5–11: als Hausaufgabe

B3 **Aktivität im Kurs: Rätselspiel**

1. Geben Sie den TN Zeit, den Familienstammbaum zu betrachten und sich über die Beziehungen der Personen zueinander klar zu werden.
2. Zwei TN lesen das Beispiel vor und versuchen, es zu Ende zu führen. Helfen Sie, wenn nötig.
3. Die TN finden sich paarweise zusammen und stellen sich gegenseitig Rätselfragen. Die Partnerin / Der Partner versucht, die gesuchte Person zu erraten.
4. *fakultativ:* Wenn die TN sehr interessiert am Thema Familie sind, bitten Sie sie, für die nächste Kursstunde Familienfotos oder auch Fotos von Freunden mitzubringen. Die TN stellen sich in Kleingruppen von vier TN ihre Familie und Freunde vor.

TIPP   Den TN macht es Spaß, wenn auch Sie von sich erzählen. Je authentischer der Lernstoff ist, umso mehr wird durch ihn emotionale Nähe und Interesse geweckt. Bringen Sie doch einfach ein paar Fotos von Ihrer Familie und Ihren Freunden mit. Kleben Sie diese auf ein Plakat, das Sie im Kursraum aufhängen, und beschriften Sie das Plakat mit den TN zusammen.

Sie wohnt in der Baaderstraße.

Verbkonjugation; Personalpronomen
Lernziel: Die TN können ihren Wohnort und ihre Adresse nennen.

C **2**

C1   Präsentation der Verbkonjugation und der Personalpronomen *er/sie, sie*

1. Die TN hören die Texte und sehen die Fotos im Buch an. Sie ergänzen die Texte in Stillarbeit. Stoppen Sie die CD/Kassette nach jedem einzelnen Satz, um den TN ausreichend Zeit für ihre Eintragungen zu geben.
2. Abschlusskontrolle im Plenum. *Lösung:* kommt; ist; wohnt; kommt; studiert; wohnt; leben; heißen
3. Machen Sie die TN auf die Verben „wohnen" und „leben" aufmerksam. Sie lassen sich nicht sehr scharf voneinander abgrenzen und können auch synonym verwendet werden. „Leben" ist dabei allgemeiner und ungenauer: Man lebt auf dem Land oder in der Stadt, Fische leben im Wasser. Man lebt dort, wo man die meiste Zeit verbringt. Aber man wohnt ganz konkret an einem bestimmten Ort, in einer bestimmten Stadt, in einer bestimmten Straße oder einem bestimmten Haus.
4. Schreiben Sie an die Tafel und verweisen Sie auch auf den Grammatikspot:

> *er*
> *Timo kommt aus Finnland, ~~Timo~~ studiert in Helsinki.*
>
> *Timo kommt aus Finnland, er studiert in Helsinki.*
>
> *sie*
> *Das ist Corinna, ~~Corinna~~ kommt aus Wien.*
>
> *Das ist Corinna, sie kommt aus Wien.*
>
> *sie*
> *Timos Eltern leben in Finnland, ~~Timos Eltern~~ heißen Marko und Hanna.*
>
> *Timos Eltern leben in Finnland, sie heißen Marko und Hanna.*

C2   Anwendungsaufgabe zur Verbkonjugation und zu den Personalpronomen *er/sie, sie*

1. Ergänzen Sie das erste Beispiel mit den TN gemeinsam.
2. Die TN notieren in Stillarbeit die Beispiele b) und c).
3. Abschlusskontrolle im Plenum. *Lösung:* a) ... Julia. ... Deutschland. ... der Schweiz. ... Bern. ... Brunngasse. b) ... ist Michele. ... aus Italien. Er ... in Österreich. Er ... in Wien. Er ... in der Burgstraße. c) ... Metin und Elif. Sie ... aus der Türkei. Sie ... in Deutschland. Sie wohnen in Berlin. Sie wohnen in der Mühlenstraße.
4. Schreiben Sie die bekannten Personalpronomen an die Tafel. Die TN ergänzen mündlich die schon bekannten Verb-Endungen von *ich*, *du* und *Sie*. Nehmen Sie jetzt die Form der 3. Person Singular mit auf und unterstreichen Sie die Verb-Endungen. Notieren Sie weitere Verben auf Zuruf, z.B. „sein", „heißen", „sprechen".

> *ich   komme*
> *du   kommst   Sie   kommen*
> *er/sie   kommt   sie   kommen*

Arbeitsbuch 12: im Kurs: Eine andere Methode, den TN die Stimm-Modulation bewusst zu machen, ist das Klatschen im Rhythmus. Spielen Sie die CD vor, die TN lesen still mit und achten auf die Pfeile unter den Silben, die die Stärke der Betonung angeben. Die TN hören noch einmal und klatschen gleichmäßig mit, bei den betonten Silben klatschen sie etwas kräftiger. In einem zweiten Durchgang klatschen und sprechen die TN im Chor, ohne die CD zu hören.

Arbeitsbuch 13: in Stillarbeit: Die TN machen sich die Funktion der Personalpronomen noch einmal bewusst. **14–15:** in Stillarbeit oder als Hausaufgabe

C3   Variation: Präsentation der Verbkonjugation und der Personalpronomen *wir* und *ihr*

1. Gehen Sie vor wie auf Seite 14 beschrieben.
2. *fakultativ:* Verteilen Sie die Kopiervorlage L2/C3. Die TN ergänzen die Sätze in Stillarbeit. *Lösung:* a) Ich ...-e; b) Du ...-st; c) Er ...-t; d) Wir ...-en; e) Ihr ...-t; f) Sie ...-en

Arbeitsbuch 16–17: in Stillarbeit: Die TN systematisieren für sich die Verbkonjugation. Kopieren Sie die Übungen auf eine Folie und bitten Sie einen TN, die Lösungen für alle darauf zu markieren und zu notieren. **18–20:** in Stillarbeit oder als Hausaufgabe

C4   Aktivität im Kurs: Kennenlernspiel

1. Die TN arbeiten zu zweit und lesen die Aufgabe.
2. Jedes Paar findet für sich eine fiktive Identität und schreibt ein Kärtchen mit Namen, Herkunftsland und Wohnort. Wenn Sie wenig Zeit im Kurs haben, dann kopieren Sie die Kopiervorlage zu C4 (im Internet).
3. Die Paare gehen im Kursraum umher und befragen sich gegenseitig. Lassen Sie ggf. einige Paare ein Beispiel im Plenum vorspielen.
4. *fakultativ:* Zur Vertiefung und Wiederholung des Stoffs von Seite 21 und 22 im Kursbuch können Sie mit den TN ein Rollenspiel machen (Kopiervorlage L2/C4).

D Zahlen und Personalien

Zahlen von 0 bis 20; Konjugation des Verbs *haben*
Lernziel: Die TN können bis zwanzig zählen. Sie können Fragen zur eigenen Person beantworten
und ein Formular mit den eigenen Personalien ausfüllen.

Materialien
D1 Kärtchen für jede Zahl
D2 leere Folie; Kopiervorlage L2/D2
D3 Folie des leeren Formulars
D5 Kopiervorlage zu D5 (im Internet); evtl.
   Polaroidkamera

D1 **Präsentation der Zahlen von 0 bis 20**
1. Die TN hören die Zahlen und sprechen sie nach.
2. *fakultativ:* Schreiben Sie jede Zahl auf ein Kärtchen und halten Sie die Kärtchen abwechselnd und in beliebiger Reihenfolge hoch: Die TN nennen die Zahl auf dem Kärtchen.

D2 **Hörverstehen: Telefonnummern richtig verstehen**
1. Die TN hören das erste Beispiel und lesen im Buch mit.
2. Die TN hören noch einmal und ein TN schreibt die gehörte Telefonnummer an die Tafel. Die anderen TN kreuzen die richtige Telefonnummer in ihrem Buch an. Verfahren Sie mit den Beispielen b) und c) genauso.
   Lösung: a) 13 16 20; b) 19 16 10; c) 19 15 12
3. *fakultativ:* Machen Sie, wenn alle TN einverstanden sind, eine Telefonliste des Kurses auf einer Folie. Ein TN diktiert seine Nummer und ein zweiter TN schreibt sie auf die Folie. Die übrigen TN notieren mit und achten darauf, dass die Zahlenfolge stimmt. Wechseln Sie durch. Am Ende ziehen Sie eine Kopie der Folie und teilen die Telefonliste zum Abheften ins Lerntagebuch aus.
4. *fakultativ:* Spielen Sie mit den TN Zahlenbingo (Erklärungen zu Bingospielen siehe S. 24) und teilen Sie dazu die Bingofelder von Kopiervorlage L2/D2 aus.

Arbeitsbuch 21: in Stillarbeit oder als Hausaufgabe

D3 **Schreiben: Ein Formular mit Personalien ausfüllen**
1. Die TN hören das Gespräch und lesen im Buch mit.
2. Die TN lesen das nebenstehende Formular. Erklären Sie unbekannte Begriffe: „Heimatland: Mein Land: Da bin ich geboren. Geburtsort: Die Stadt, wo ich geboren bin. Der Wohnort: Da wohne ich." und füllen Sie das Formular auf Folie exemplarisch mit Ihren Personalien aus. Fragen Sie bei Familienstand: „Was ist ‚verheiratet'?" und deuten Sie auf das Ring-Symbol im Buch, „Was ist ‚nicht verheiratet', ‚verwitwet' und ‚geschieden'?" Schreiben Sie diese Wörter an die Tafel und malen Sie kleine Symbole (z.B. einen durchgestrichenen Ring für „ledig").
3. Die TN hören das Gespräch noch einmal und ergänzen das Formular in Stillarbeit.
4. Abschlusskontrolle im Plenum.

Arbeitsbuch 22: im Kurs: Die TN ergänzen die Sätze mit der passenden Präposition. Machen Sie den Unterschied zwischen *Woher?* und *Wo?* deutlich. Vergleichen Sie auch mit der Sprache Ihrer TN: Wie werden lokale Angaben ausgedrückt? **23:** als Hausaufgabe

D4 **Aktivität im Kurs: Partnerinterview**
1. Die TN lesen still die Redemittel.
2. Verweisen Sie auf den Grammatikspot und die besonderen Formen von *haben*.
3. Die TN befragen sich in Partnerarbeit und machen sich Notizen zu ihrer Partnerin / ihrem Partner. Gehen Sie herum und helfen Sie bei Schwierigkeiten.

Arbeitsbuch 24–26: in Stillarbeit oder als Hausaufgabe

D5 **Aktivität im Kurs: Ein Formular mit Personalien ausfüllen**
1. Stellen Sie nach dem Muster von D3 Formulare für die TN her oder ziehen Sie von der Kopiervorlage zu D5 (im Internet) eine Kopie für jeden TN.
2. Die TN füllen das Formular mit den Angaben ihrer Partnerin / ihres Partners aus.
3. Bitten Sie die TN auch, ein Bild ihrer Partnerin / ihres Partners zu zeichnen.
4. Wenn Sie eine Polaroidkamera haben, können sich die TN auch gegenseitig fotografieren.
5. Die TN hängen die Formulare im Kursraum auf und stellen dem Kurs die Partnerin / den Partner vor.

Sich vorstellen

Lernziel: Die TN können einfache Angaben zu Personen verstehen und sich und andere vorstellen.

E 2

E1 Hörverstehen: Persönliche Angaben zu Personen verstehen

1. Gewöhnen Sie die TN von Anfang an daran, vor dem Hören die Aufgabenstellung und die Aussagen zu lesen. Lassen Sie sie hier die Aussagen zu den vier Personen vorlesen. Die TN spekulieren in ihrer Sprache darüber, welche Aussagen richtig sein könnten und welche ihrer Meinung nach wahrscheinlich falsch sind.
2. Die TN hören die Texte so oft wie nötig und kreuzen ihre Lösungen an.
3. Abschlusskontrolle im Plenum. *Lösung* (jeweils von oben nach unten): a) falsch, falsch; b) falsch, richtig, richtig; c) richtig, falsch, falsch; d) richtig, richtig, falsch

E2 Landeskunde: Formen der Namensnennung

1. Spielen Sie die Hörtexte noch einmal vor. Die TN ergänzen die Lücken.
2. Abschlusskontrolle im Plenum. *Lösung:* a) Mein Name ist; b) Ich bin; c) Ich heiße; d) Ich heiße
3. Die TN haben schon die verschiedenen Möglichkeiten kennengelernt, sich vorzustellen (siehe auch Lektion 1). Machen Sie den TN jetzt auch mithilfe des Infospots deutlich, dass bei der Namensnennung Anredeformen wie „Frau" und „Herr" entfallen. Die Wendung „Mein Name ist" wird im Allgemeinen eher in offiziellen Kontexten verwendet, also in Kontexten, wo die Personen sich mit „Sie" anreden und bei der Vorstellung auch den Familiennamen nennen. „Mein Name ist Hanne" ist zwar möglich, klingt aber in deutschen Ohren unüblich. Will man nur den Vornamen nennen, z.B. unter Jugendlichen oder Studenten, ist es besser, „Ich heiße Hanne" und „Ich bin Hanne" zu sagen. Erwähnen Sie auch, dass die Verbindung von „Ich bin" und Familienname nicht möglich ist.

Arbeitsbuch 27–28: in Stillarbeit oder als Hausaufgabe

E3 Aktivität im Kurs: Kettenspiel

1. Mit diesem Spiel können die TN das in den ersten beiden Lektionen Gelernte wiederholen und anwenden. Geben Sie den TN Gelegenheit, das Beispiel für das Kettenspiel zunächst still zu betrachten und zu lesen.
2. Die TN lesen das Beispiel vor, um einerseits die Aussprache zu üben und sich andererseits einige Mustersätze für das anschließende Spiel einzuprägen.
3. Sollte die Sitzordnung im Kurs nicht der Hufeisenform entsprechen, bilden Sie mit den TN einen Stuhlkreis in der Mitte des Kursraumes. Beginnen Sie selbst das Spiel, indem Sie drei Sätze über sich sagen. Der TN links von Ihnen stellt Sie vor und sagt dann drei Sätze über sich usw.
   Hinweis: In Kursen mit 16 und mehr TN sollten Sie das Spiel in zwei Gruppen spielen, da es sonst zu lange dauert und auch immer schwieriger wird, sich alle Informationen zu merken. Wenn Sie sehr schnelle TN im Kurs haben, können Sie diese in eine Gruppe zusammenfassen und für diese Gruppe die Spielregeln erschweren. Die TN stellen sich nicht reihum vor, sondern durcheinander. Trotzdem sollen immer alle TN, die schon dran waren, mit vorgestellt werden.

LERN
TAGEBUCH

Arbeitsbuch 29: Die TN erweitern ihren Wortschatz um neue und wichtige Redemittel der Lektion. Um sich die Redemittel besser einprägen zu können, übersetzen die TN sie in ihre Sprache. Die Verbkonjugation wird um die Personalpronomen *sie/er, wir* und *ihr* und die entsprechenden Verb-Endungen erweitert. Helfen Sie den TN ggf. dabei, die Verben in Tabellenform richtig zu konjugieren und die Tabellen um weitere Verben zu ergänzen. Lassen Sie sich auf jeden Fall die Tabellen zeigen.

Einen Test zu Lektion 2 finden Sie auf Seite 118 f. Weisen Sie die TN auf die interaktiven Übungen auf ihrer Arbeitsbuch-CD hin. Die TN können mit diesen Übungen den Stoff der Lektion selbstständig wiederholen und sich ggf. auch auf den Test vorbereiten. Wenn Sie mit den TN den Stoff von Lektion 1 und Lektion 2 wiederholen möchten, verteilen Sie die Kopiervorlage „Wiederholung zu Lektion 1 und Lektion 2" (Seite 106-107).

Zwischenspiel 2
Wer? Wo? Was?
Grußkarten verstehen

1 Leseverstehen: Grußkarten verstehen

1. Wiederholen Sie mit den TN, was sie zu persönlichen Angaben gelernt haben. Die TN sehen sich Evas Personalausweis an. Führen Sie das Wort „Personalausweis" ein und stellen Sie Fragen: „Wie heißt die Person? Was sind die Vornamen, was der Familienname? Woher kommt sie? Wo wohnt sie?"
2. Die TN betrachten die Fotos auf der Seite und spekulieren darüber, wo das jeweils sein könnte. Vielleicht waren einige TN schon in der Schweiz und kennen das Matterhorn. Oder sie waren in Wien und erkennen die Stadt am Prater-Riesenrad.
3. *fakultativ:* Führen Sie die Wörter „Postkarte" und „E-Mail" ein.
4. Die TN lesen die Karten und E-Mails in Stillarbeit. Geben Sie Gelegenheit zu Wortschatzfragen.
5. Die TN lesen die Fragen in Aufgabe 2. Sie lesen die Texte noch einmal und suchen darin die Informationen. Geben Sie möglichst wenig Zeit zum Lesen, damit die TN gezwungen sind, sich auf das Wesentliche zu konzentrieren, und nicht alles im Detail lesen.
6. Abschlusskontrolle im Plenum. *Lösung:* 2 Köln; 3 Zürich; 4 Hamburg; 5 Wien
7. *fakultativ:* Wenn Sie das Textverständnis weiter üben möchten, verteilen Sie die Übung 1 der Kopiervorlage „Zwischenspiel zu Lektion 2". Schneiden Sie vorab Übung 2 weg.
   Lösung: a) richtig; b) richtig; c) falsch; d) falsch; e) richtig; f) falsch; g) richtig; h) falsch; i) richtig

2 Spiel: Ein Rätsel

1. Die TN haben schon die Städte zu den Fragen in Übung 2 ergänzt. Jetzt suchen sie auf der Landkarte, in welchem Buchstabenbereich die Städte liegen, und finden so das Lösungswort „super" heraus.
2. Die TN lösen Übung 2 auf der Kopiervorlage zum Zwischenspiel in Stillarbeit oder Partnerarbeit. Stellen Sie einen Lösungsschlüssel zur Verfügung, damit die TN sich anschließend selbstständig korrigieren können. TN, die gern kreativ arbeiten oder schnell mit der Übung fertig sind, können sich zusätzlich ein eigenes Rätsel analog zu dem Rätsel im Buch mit einem Lösungswort ausdenken. Dieses Rätsel wird später dem Kurs präsentiert.
   Lösung: a) 1 Hamburg, 2 Berlin, 3 Köln, 4 Zürich, 5 Wien; b) Zürich, Berlin, Hamburg; c) In Norddeutschland liegen auch Berlin und Bremen. Berlin ist die Hauptstadt von Deutschland. Stuttgart/München liegt in Süddeutschland. Bern ist die Hauptstadt der Schweiz. In der Schweiz liegt auch Basel/Zürich/Genf. Wien ist die Hauptstadt von Österreich. Auch Innsbruck/Graz/Linz/Salzburg liegt in Österreich.

LÄNDER INFO

In Lektion 1 haben die TN unterschiedliche Grußformen in den deutschsprachigen Ländern kennen gelernt. Gehen Sie an dieser Stelle auf die Anredeformen und Grußfloskeln in informellen Briefen ein. Da die Anrede häufig mit einem Gruß beginnt, kann auch dieser sich unterscheiden, z.B. „Hallo" in Deutschland, „Servus" in Österreich. Andere Anredeformen wie „Liebe(r)" kommen überall vor, genauso wie verschiedene Grußformen am Ende des Briefes: „Alles Liebe", „Bis bald" oder „Viele Grüße". Machen Sie die TN darauf aufmerksam, dass nach dem Namen des Empfängers ein Komma steht, danach geht es klein weiter, sofern das Wort kein Nomen ist. Ausnahme: In der Schweiz steht am Ende der Anrede oft kein Satzzeichen!

Weitere Materialien für noch mehr Abwechslung im Unterricht finden Sie unter www.hueber.de/schritte-international.

ESSEN UND TRINKEN

Folge 3: *Erdäpfel*
Einstieg in das Thema: Einkaufen

1

Vor dem Hören: Die Foto-Hörgeschichte situieren
1. Geben Sie den TN Zeit, die Fotos zu betrachten. Bitten Sie sie dann, besonders die Fotos 3 bis 6 anzusehen. Fragen Sie: „Wo ist Timo?" Die TN lösen die Aufgabe in ihrem Buch. Da die Wörter „Markt" und „Supermarkt" weitgehend international sind, ist das sicherlich kein Problem für sie.
2. Abschlusskontrolle im Plenum. *Lösung:* Auf dem Markt.

2

Vor dem Hören: Schlüsselwörter verstehen
Halten Sie Ihr Buch hoch und bitten Sie zwei bis drei TN, nacheinander nach vorne zu kommen und Äpfel und Kartoffeln auf den Fotos zu zeigen. Wenn die TN Englischkenntnisse haben, können sie die „Äpfel" bestimmt richtig zeigen, die Kartoffeln können sicher richtig erraten werden. Lassen Sie aber zunächst ggf. auch falsche Lösungen zu und helfen Sie nur, wenn niemand die Kartoffeln richtig zuordnen kann.

! Gehen Sie hier nicht auf die Pluralform ein, diese wird in Lernschritt B eingeführt.

Lösung: Äpfel: Foto 3, 5, 7, 8; Kartoffeln: Foto 3, 4, 6, 8

3

Beim ersten Hören
1. Weisen Sie die TN auf den Titel der Foto-Hörgeschichte hin. Die TN sollen beim Hören versuchen herauszubekommen, was Erdäpfel sind.
2. Die TN hören die Foto-Hörgeschichte und zeigen mit. Weitere Anregungen für den Umgang mit der Foto-Hörgeschichte finden Sie auf den Seiten 12–14.
3. Die TN äußern abschließend ihre Vorstellungen darüber, was Erdäpfel sind. Lassen Sie an dieser Stelle, wenn nötig, noch verschiedene Lösungsvorschläge gelten und klären Sie die TN nicht über die richtige Lösung auf.

4

Nach dem ersten Hören: Den Inhalt global verstehen
1. Die TN lesen die Aufgabe und die Aussagen.
2. Spielen Sie die Foto-Hörgeschichte noch einmal so oft wie nötig vor. Die TN kreuzen ihre Lösungen an.
3. Abschlusskontrolle im Plenum. *Lösung:* a) Erdäpfel; b) Kartoffeln; c) in Österreich; d) Kartoffeln und Äpfel
4. Bitten Sie die TN, abschließend noch einmal in ihrer Sprache zusammenzufassen, was zunächst das Missverständnis zwischen Timo und Corinna / der Marktfrau ist. Fragen Sie auch, warum Timo am Ende Kartoffeln und Äpfel kauft.

5

Nach dem Hören: Internationale Wörter
1. Die TN lesen die Beispiele im Buch. Sie sammeln in Partnerarbeit einige Wörter aus ihrer Sprache oder aus dem Englischen, von denen sie wissen oder glauben, dass sie auf Deutsch so ähnlich heißen.
Hinweis: Viele Bezeichnungen für Lebensmittel sind international ähnlich. Das gilt einerseits für weltweit genutzte Grundnahrungsmittel wie „Reis", „Kaffee", „Zucker" oder „Tee", andererseits aber auch für Produkte mit Eigennamen, die als typisches Essen oder Produkt eines bestimmten Landes oder einer bestimmten Firma gelten, und die sich von dort ausgehend verbreitet haben, z.B. „Pizza" (Italien) oder „Hamburger" (USA).
2. Die TN sprechen auf Deutsch und nach dem Muster im Buch über ihre Vermutungen. Helfen Sie den TN bei der Aussprache und schreiben Sie die genannten Wörter an die Tafel.

! Das Thema wird in der Lektion noch vertieft. An dieser Stelle sollten Sie es bei den von den TN genannten Bezeichnungen bewenden lassen und keine weiteren Wörter angeben.

Das ist doch **kein** Apfel, oder?

Indefiniter Artikel und Negativartikel
Lernziel: Die TN können Lebensmittel benennen und Vermutungen äußern.

A1

Präsentation des indefiniten Artikels und des Negativartikels
1. Die Bücher sind geschlossen. Die TN hören die Gespräche.
2. Die TN öffnen ihr Buch. Sie hören die Gespräche noch einmal und ergänzen die Sätze in Stillarbeit.
3. Abschlusskontrolle im Plenum. *Lösung:* kein, eine, kein, ein
4. Schreiben Sie die Nomen aus der Aufgabe mit dem indefiniten Artikel an die Tafel. Die TN ergänzen den Negativartikel.
   Machen Sie deutlich, dass im Deutschen für die Negation des indefiniten Artikels schon der kleine Buchstabe „k" genügt.

> ein Apfel   kein Apfel   eine Kartoffel   keine Kartoffel
> ein Brot
> ein Brötchen   ...

5. Verweisen Sie auch auf den Grammatikspot und führen Sie die grammatischen Termini „maskulin", „neutral" und „feminin" ein.
   Erklären Sie in Ihrer Sprache, dass das Deutsche drei Genera kennt, die TN sich aber zunächst nur zwei verschiedene Formen
   merken müssen. Vertiefen Sie das Thema nicht weiter. Der definite Artikel wird in Lektion 4 eingeführt. Es genügt, wenn den TN
   hier deutlich wird, warum für den indefiniten Artikel „ein" hier immer zwei unterschiedliche Beispiele angeführt werden.

A2

Anwendungsaufgabe zum indefiniten Artikel
1. Die TN sehen sich die Zeichnungen im Kasten an. Ergänzen Sie die neuen Wörter an der Tafel und lassen Sie die TN zur
   Übung auch hier den Negativartikel bilden.
2. Bringen Sie einen Korb in den Kurs mit. Notieren Sie vorab auf einen Zettel vier Lebensmittel aus dem Kasten. Treten Sie
   mit Korb und Einkaufszettel vor die TN und fragen Sie: „Was ist in meinem Korb?" Die TN raten. Antworten Sie mit „Ja" und
   „Nein", bis alle vier Lebensmittel erraten sind.
3. Die TN notieren oder zeichnen auf einem Zettel vier Lebensmittel. Gehen Sie herum und helfen Sie mit dem korrekten
   Artikel. Achten Sie ggf. darauf, dass keine Wörter verwendet werden, die eine unteilbare Menge darstellen (z.B. Zucker,
   Milch, Kaffee).
4. Die TN finden sich paarweise zusammen und raten, was die/der andere jeweils in seinem Korb hat. Paare, die sehr schnell
   mit der Aufgabe fertig sind, können im Arbeitsbuch Übung 3 versuchen.

Arbeitsbuch 1–2: in Stillarbeit oder als Hausaufgabe

A3

Anwendungsaufgabe zum indefiniten Artikel und zum Negativartikel
1. Ein TN liest Beispiel a) vor.
2. Die TN lösen die Aufgabe in Partnerarbeit. Abschlusskontrolle im Plenum.
   Lösung: b) eine Orange; c) keine, ein Ei; d) kein, eine Kartoffel; e) kein, ein Brötchen; f) keine, eine Banane

Arbeitsbuch 3, 5–7: in Stillarbeit oder als Hausaufgabe

PHONETIK   **Arbeitsbuch 4:** im Kurs: Die TN hören die Wörter und sprechen sie im Chor nach. Schreiben Sie „Mann" und „Banane" an die
Tafel und bitten Sie die TN, diese Wörter noch einmal zu sprechen. Malen Sie dabei den Längenakzent unter den jeweiligen
Vokal und zeigen Sie an diesem Beispiel, dass Vokale im Deutschen lang oder kurz gesprochen werden können. Die TN hören
noch einmal die CD und markieren nach dem Beispiel an der Tafel und im Buch die Länge der Vokale. Üben Sie mit den TN das
offene kurze „O" und das geschlossene lange „O". Die TN sollten erkennen, dass hier ein kleiner Unterschied in der Aussprache
besteht. Die TN sprechen in Partnerarbeit die Sätze der Übung. Erinnern Sie sie an die Stimmbewegung in Fragen und
Antworten, die die TN schon in Lektion 1 und Lektion 2 geübt haben. Abschließend können die TN die CD hören und ihre
Aussprache überprüfen.

A4

Aktivität im Kurs: Trudel
1. Zeigen Sie auf Bild A und fragen Sie mit skeptischer Miene: „A ist vielleicht eine Tomate?" und antworten Sie sich selbst:
   „Vielleicht!" Schreiben Sie an die Tafel:

> Ist das eine Tomate?
> Ja, das ist eine Tomate. (✓)
> Vielleicht. (50%)
> Nein, das ist keine Tomate. (–)

2. Die TN überlegen in Partnerarbeit, was die Zeichnungen sein könnten.
   ! Es ist nicht wichtig, dass die TN die tatsächliche Lösung herausfinden. Es geht vielmehr darum, Vermutungen zu äußern.
   ● *Lösung:* A eine Tomate; B eine Banane; C ein Kuchen; D eine Kartoffel; E eine Orange

Erdäpfel sind Kartoffeln!

Nomen: Singular und Plural; Plural des Negativartikels
Lernziel: Die TN können Mengen benennen.

B **3**

B1 Präsentation des Plurals

1. Die TN hören die beiden Gespräche so oft wie nötig und ergänzen die Pluralformen der Wörter.
2. Abschlusskontrolle im Plenum. *Lösung:* a) Äpfel, Kartoffeln; b) Tomaten, Brötchen
3. Lesen Sie mit den TN den Grammatikspot. Die TN erkennen sicher, dass es für verschiedene Wörter verschiedene Pluralformen gibt. Notieren Sie an der Tafel die möglichen Plural-Endungen, um den TN zu zeigen, dass die Möglichkeiten der Pluralbildung immerhin endlich sind. Weisen Sie die TN in Ihrer Sprache darauf hin, dass sie den Plural zu jedem Nomen immer dazulernen müssen.

🔔 Bitte denken Sie daran, dass hier der Plural als indefinite Form und noch ohne den definiten Artikel eingeführt wird. Der definite Pluralartikel ist Thema in Lektion 4.

B2 Anwendungsaufgabe zum Plural: Präsentation des Plurals des Negativartikels

1. Die TN betrachten den Einkaufskorb im Buch und überlegen, welche Lebensmittel im Korb sind.
2. Geben Sie ein Beispiel für ein Lebensmittel, das sich nicht im Korb befindet (z.B. Brötchen), und sagen Sie, indem Sie den Kopf schütteln: „Im Korb sind keine Brötchen."
3. Die TN übertragen in Stillarbeit die Lebensmittel aus dem Schüttelkasten in die passende Spalte der Tabelle.
4. Abschlusskontrolle im Plenum.
   Lösung: Im Korb sind Kiwis, Äpfel, Bananen, Würste und Tomaten. Im Korb sind keine Brötchen, Eier, Birnen und Orangen.
5. *fakultativ:* Verteilen Sie die Kopiervorlage L3/B2. Die TN bearbeiten die Übung in Stillarbeit. Für schon geübtere TN können Sie den Schüttelkasten wegschneiden. Abschlusskontrolle im Plenum.
   Lösung: a) Eier; keine Eier; b) ... ist eine Tomate. ... sind Tomaten. Das ist keine Tomate. Das sind keine Tomaten. c) Das ist ein Apfel. Das sind Äpfel. Das ist kein Apfel. Das sind keine Äpfel. d) Das ist ein Brötchen. Das sind Brötchen. Das ist kein Brötchen. Das sind keine Brötchen. e) Das ist eine Kartoffel. Das sind Kartoffeln. Das ist keine Kartoffel. Das sind keine Kartoffeln.

Arbeitsbuch 8: als Hausaufgabe

B3 Anwendungsaufgabe zum Plural: Arbeit mit dem Wörterbuch

1. Die TN betrachten den Auszug aus dem Wörterbuch, möglichst auch auf Folie.
2. Umkreisen Sie auf der Folie die Pluralendung „-e" und weisen Sie darauf hin, dass die Angabe der Pluralform im Wörterbuch beispielsweise so aussehen kann.
3. Schlagen Sie auch zusammen mit den TN die alphabetische Wörterliste im Anhang auf. Die TN sehen sich anhand bekannter Nomen (z.B. Apfel) an, wie die Pluralangaben gemacht werden.
4. Die TN suchen nun in Partnerarbeit die Pluralformen in ihren Wörterbüchern. Sollten nicht genügend Wörterbücher vorhanden sein, können Sie auch die Kopiervorlage L3/B3 verteilen. Gehen Sie herum und helfen Sie.

🔔 Die Darstellung kann in verschiedenen Wörterbüchern recht unterschiedlich sein. Bitte denken Sie daran, dass das Ziel der Übung das Heraussuchen der Pluralendung ist. Sollten Fragen zu den Artikeln „der" oder „-r" etc. kommen, weisen Sie ggf. darauf hin, dass die TN das in der nächsten Lektion lernen.

5. Abschlusskontrolle im Plenum. *Lösung:* b) Joghurt(s); c) Trauben; d) Kuchen; e) Säfte

Arbeitsbuch 9–10: als Hausaufgabe; 11: in Stillarbeit oder in Kleingruppen: Die Plakate werden im Kursraum aufgehängt.

B4 Aktivität im Kurs: Suchbild

Die TN beschreiben einander in Partnerarbeit die Unterschiede auf den beiden Zeichnungen.

TIPP   Neuer Wortschatz lässt sich immer gut am Anfang der nächsten Stunde wiederholen. Die TN machen z.B. selbst Wortlisten der bekannten Nomen, finden sich in Zweier- bis Vierergruppen zusammen und fragen sich gegenseitig die Pluralformen der Nomen ab.

3   **C**   **Haben Sie Äpfel?**

Ja-/Nein-Fragen, Wiederholung der W-Fragen
Lernziel: Die TN können einfache Einkaufsgespräche führen.

Materialien
C1 Kopiervorlage L3/C1
C2 Folie der Einkaufswagen; Kopiervorlage L3/C2
C4 Einkaufszettel, Produktkärtchen, Briefumschläge;
      Kopiervorlage zu C4 (im Internet)

C1   Präsentation der Ja-/Nein-Frage

1. Die TN betrachten den Einkaufszettel. Fragen Sie: „Was braucht Timo?" Ein TN liest den Einkaufszettel vor.
2. Die TN hören einmal das Gespräch zwischen Timo und der Marktfrau. Fragen Sie: „Was braucht Timo noch?" Bitten Sie zwei sprachlerngewohnte TN, das Gespräch mit dem Beispiel „Tomaten" weiterzuführen.
3. Spielen Sie das Gespräch noch einmal vor, die TN führen in Partnerarbeit das Kaufgespräch weiter und arbeiten dabei Timos Einkaufszettel ab. Gehen Sie herum und helfen Sie bei Schwierigkeiten.
4. Schreiben Sie zur Verdeutlichung des Unterschieds von Ja-/Nein-Frage und W-Frage je zwei Beispiele an die Tafel:

Haben Sie Äpfel?	*Ja.*	*Wie viel möchten Sie?*	*Zwei Kilo.*
Kommen Sie aus Deutschland?	*Nein.*	*Woher kommen Sie?*	*Aus Polen.*

5. Die TN ergänzen das Schema an der Tafel mit weiteren bekannten W-Fragen aus den vorhergehenden Lektionen. Stellen Sie die entsprechenden Ja-/Nein-Fragen gegenüber. Lassen Sie sich dabei von den TN helfen.
6. Fragen Sie die TN, wie man auf Fragen wie „Kommst du ...?" oder „Bist du ...?" antwortet und wie die Antwort bei Fragen mit einem W-Wort lautet. Die TN sollten jetzt den Unterschied verstehen: Ja-/Nein-Fragen werden mit „Ja" oder „Nein" beantwortet, mit W-Fragen erfragt man eine Information.
7. *fakultativ:* Wenn Sie das Thema mit den TN vertiefen möchten, verteilen Sie die Kopiervorlage L3/C1. *Lösung:* 1 a) Woher kommt Corinna/sie? Kommt sie ...; b) Wo ist Anton/er ...; Ist er ...; c) Was spricht ...; Spricht sie ...; d) Wer ist ...; Ist das ...; 2 falsch; richtig

C2   Erweiterung des Wortfelds „Lebensmittel"

1. Ziehen Sie vorab eine Folie der Einkaufswagen, wenn möglich in Farbe. Die TN sehen sich die Einkaufswagen an. Je ein TN liest einen der drei Einkaufszettel vor.
2. Die TN kommen nacheinander nach vorne und beschriften je ein Produkt in einem der Einkaufswagen mit dem korrekten Namen. Die meisten Wörter stellen für die TN aufgrund ihrer Fremdsprachenkenntnisse, z.B. Englisch, sicherlich kein Problem dar. Helfen Sie bei schwierigen Wörtern wie „Gemüse" und „Obst".
3. Verteilen Sie die Kopiervorlage L3/C2 an die TN. Die TN können hier sehen, wie viele Wörter auch beim Wortfeld „Lebensmittel" über die Sprachgrenzen hinweg ähnlich sind. Natürlich gibt es auch deutsche Wörter, die keine internationale Entsprechung haben (Gemüse, Obst ...).

PHONETIK   **Arbeitsbuch 12:** im Kurs: Die TN haben die Satzmelodie und den Satzakzent bei W-Fragen und in Aussagen schon gut geübt. Jetzt soll ihnen der Unterschied zwischen Ja-/Nein-Fragen und W-Fragen verdeutlicht werden. Bei Ja-/Nein-Fragen geht die Stimme am Ende leicht nach oben. Spielen Sie die CD vor, die TN markieren die Satzmelodie. Die TN sprechen die Fragen und Antworten dann abwechselnd mit einer Partnerin / einem Partner. Dabei sollten sie die Stimmbewegung mit der flachen Hand mitmachen (vgl. Lektion 1 und Lektion 2). Die TN hören die Fragen und Antworten noch einmal und markieren den Satzakzent. Die TN sprechen im Chor und klatschen den Satzrhythmus mit.

C3   Anwendungsaufgabe zu Ja-/Nein-Fragen

1. Die TN sehen sich das Bild an. Fragen Sie in Ihrer Sprache, was hier gerade passiert und wer hier wohl zusammenwohnt.
2. Die TN lesen das Beispiel. Bitten Sie zwei TN, ein weiteres Beispiel zu bilden.
3. Die TN finden sich paarweise zusammen und entscheiden sich für eine Rolle: Einer fragt, einer antwortet. Sie sprechen miteinander, wobei der fragende TN bei jedem „Nein" das fehlende Produkt auf einen Zettel schreibt.
4. Die Partner tauschen die Rollen. Abschließend vergleichen sie ihre Einkaufszettel: Stimmen sie überein?

Arbeitsbuch 13–17: als Hausaufgabe; mit Übung 15 können die TN noch einmal selbstständig auch anhand der Stellung des Verbs den Unterschied zwischen Ja-/Nein-Frage und W-Frage für sich klären.

C4   Aktivität im Kurs: Einkaufsspiel

1. Bereiten Sie zu Hause drei verschiedene Einkaufszettel und Kärtchen für jedes Produkt auf den Zetteln vor. Kopieren Sie die Einkaufszettel und die Produktkärtchen so oft, dass Sie Dreiergruppen im Kurs bilden können. Stecken Sie in jeden Briefumschlag einen Einkaufszettel und Produktkärtchen, die nicht zum Einkaufszettel passen. Wenn Sie wenig Zeit für die Vorbereitung haben, können Sie auch die Kopiervorlage zu C4 (im Internet) nutzen.
2. Im Kurs finden sich Dreiergruppen zusammen. Jeder TN erhält einen Briefumschlag mit anderen Produkten. Demonstrieren Sie das Spiel, indem Sie sich selbst einen Briefumschlag nehmen, ihn öffnen und zeigen, was Sie haben (die Produkte auf den Kärtchen) und was Sie brauchen (die Produkte auf Ihrem Einkaufszettel). Fragen Sie einen TN exemplarisch nach einem Produkt, das Sie suchen. Er sieht in seinem Umschlag nach, ob er das Produktkärtchen hat. Wenn ja, sollte er es Ihnen geben. Wenn nein, fragen Sie weiter.
3. Die TN spielen das Spiel in den Gruppen, bis jeder die zu seinem Einkaufszettel passenden Produktkärtchen hat.

Gewichte und Maßeinheiten

Zahlen von 21 bis 100; Maßeinheiten
Lernziel: Die TN können nach Preisen fragen und den Preis nennen sowie Gewichte und
Maßeinheiten angeben. Sie können ein Sonderangebot verstehen.

D 3

D1 **Präsentation der Zehnerzahlen von 20 bis 100**

1. Die TN hören Beispiel a).
2. Schreiben Sie an die Tafel:

   0,20 € = zwanzig Cent

3. Die TN hören und lösen die Aufgabe in Stillarbeit.
4. Abschlusskontrolle im Plenum an der Tafel. Schreiben Sie die Zahlen, die TN diktieren Ihnen die Centangaben.
5. Weisen Sie die TN mit Hilfe des Infospots auf die Schreibung bzw. Aussprache von Preisangaben hin.

D2 **Präsentation der Zahlen von 21 bis 100**

1. Die TN hören das Gespräch a). Verweisen Sie im Buch auf die Lösung.
2. Die TN hören die anderen Gespräche so oft wie nötig und kreuzen die richtigen Preise an.
3. Abschlusskontrolle im Plenum. *Lösung:* b) 1,76 €; c) 1,50 €
4. Verweisen Sie auf den nebenstehenden Infospot zur Bildung der Zahlen. Machen Sie deutlich, dass zuerst die Einerzahl, dann die Zehnerzahl genannt wird, und schreiben Sie exemplarisch ein paar Zahlen an die Tafel. Die TN lesen die Zahlen vor.
5. *fakultativ:* Die TN bilden Paare. Jeder TN nimmt ein Blatt Papier zur Hand, das er später im Lerntagebuch abheften kann. Ein TN sagt eine Zahl, z.B. „siebenunddreißig", und beide TN schreiben die Zahl in Ziffern (37) auf das Papier, ohne dass es die Partnerin / der Partner sieht. Danach wird die Zahl verglichen. Dann wird gewechselt und der andere TN sagt eine Zahl usw.

Arbeitsbuch 18–19: im Kurs: Die TN hören Zahlen und schreiben sie auf. Sie hören dann noch einmal und sprechen die Zahlen nach. Lassen Sie auch die Telefonnummern in Übung 19 nachsprechen. 20: in Stillarbeit: Vergleich mit Hilfe einer Folie

D3 **Anwendungsaufgabe: Maßeinheiten und Gewichte benennen; Preise nennen**

1. Kopieren Sie den Prospekt groß auf ein Plakat, nach Möglichkeit in Farbe, und hängen Sie das Plakat gut sichtbar für alle TN auf.
2. Lesen Sie mit den TN die Infospots zu den Mengenangaben. Die TN zeigen abwechselnd auf dem Plakat auf Produkte, die man kiloweise, grammweise, in Flaschen usw. kauft. So stellen Sie sicher, dass alle den Wortschatz verstanden haben.
3. Zwei TN lesen das Dialogbeispiel vor. Weisen Sie dabei noch einmal auf den Gebrauch der Plural- und Singularform des Verbs hin, indem Sie an die Tafel schreiben:

   1 Gramm kostet ...
   100 Gramm kosten ...

   Verweisen Sie auch auf die Variante *Was kostet ...?* oder *Wie viel kostet ...?*
4. Die TN fragen sich gegenseitig nach dem Muster im Buch. Gehen Sie herum und helfen Sie bei Schwierigkeiten.
5. *fakultativ:* Bringen Sie Supermarktprospekte mit. Die TN teilen sich je nach Vertiefungswunsch in Gruppen auf: a) Gruppe A wiederholt ausschließlich den Wortschatz (Lebensmittel und Verpackungen): „Was ist das?", „Das ist (ein Liter) Milch.";
   b) Gruppe B wiederholt die Zahlen anhand der Preisangaben: „Ein Kilo Orangen kostet ... ."; c) Gruppe C schreibt ein Einkaufsgespräch auf der Basis des momentanen Kenntnisstandes: „Guten Tag, ich brauche Äpfel." „Haben Sie ... ?" „Wie viel kostet ... ?". Wenn es der zeitliche Rahmen zulässt, können sich anschließend ein TN aus Gruppe A und ein TN aus Gruppe B zusammenfinden. Der TN aus Gruppe B beschreibt nun ein Produkt (z.B. „Das ist eine Flasche Saft."), der andere TN nennt die Preisangabe („Sie kostet 1,20 €."). Die beiden „Spezialisten" korrigieren sich gegenseitig. Gehen Sie herum und helfen Sie, wenn nötig.

Arbeitsbuch 21–22: als Hausaufgabe

---

3   **E**   **Mein Lieblingsessen**

Über das Lieblingsessen sprechen
Lernziel: Die TN können Vorlieben ausdrücken.

E1   **Vorentlastung zum Hörverstehen: Die Situation erkennen**

1. Lesen Sie mit den TN die Orte und erklären Sie ggf. das Wort „Mensa": Eine Mensa ist eine Art Restaurant für Studenten.
2. Die TN ordnen in Partnerarbeit die Fotos einem Ort zu und vergleichen mit anderen Paaren.
   Lösung: Zu Hause: Foto A, Foto C; Im Restaurant: Foto D; In der Mensa: Foto B

E2   **Hörverstehen 1: Gerichte und Getränke verstehen**

1. Geben Sie den TN ausreichend Zeit, die Gerichte und Getränke zu lesen und sie mit Hilfe der kleinen Zeichnungen zu verstehen.
2. Die TN hören die Gespräche. Stoppen Sie die CD/Kassette nach jedem Gespräch, damit die TN genug Zeit für ihre Eintragungen haben.
3. Abschlusskontrolle im Plenum.
   Lösung: a) Spaghetti mit Tomatensoße; b) Hähnchen mit Pommes; c) Cola und Wasser; d) Fisch und Gemüsesuppe
4. Weisen Sie auf den Grammatikspot hin. Die TN kennen schon den Wechsel von „e" zu „i" beim Verb „sprechen". Auch „essen" ändert den Vokal in der 2. und 3. Person Singular.

E3   **Hörverstehen 2: Detailinformationen verstehen**

1. Die TN lesen die Aussagen. Erklären Sie die neuen Wörter (Durst, Hunger).
2. Die TN hören die Gespräche noch einmal. Sie kreuzen ihre Lösungen an.
3. Abschlusskontrolle im Plenum. *Lösung:* a) falsch; b) richtig; c) richtig; d) falsch

Arbeitsbuch 23: als Hausaufgabe

E4   **Aktivität im Kurs: Über Lieblingsessen und -getränke sprechen**

1. Zwei TN lesen die Redemittel vor. Ein TN übernimmt dabei die Rolle des Fragenden, ein anderer die des Antwortenden. Bitten Sie die TN auch, Beispiele für die Lücken in den Redemitteln zu finden.
2. Die TN sprechen in Kleingruppen von 4-5 TN über ihr Lieblingsessen bzw. über ihre Lieblingsgetränke. Gehen Sie herum und helfen Sie bei Fragen, z.B. wenn das Lieblingsgericht auf Deutsch noch nicht bekannt ist. Als Vorentlastung zu dieser Übung können Sie auch die Kopiervorlage zu E4 (im Internet) kopieren und den TN austeilen.
3. *fakultativ:* Die Gruppen schreiben auf einem Plakat auf, was die Lieblingsessen und -getränke der jeweiligen Gruppenmitglieder sind, und hängen das Plakat im Kursraum zur Ansicht für alle auf.

TIPP   Sprechübungen machen mehr Spaß, wenn Sie eine authentische Situation für den Gesprächsanlass schaffen. So wird den TN auch deutlicher, dass sie die Übungen nicht um des Übens willen machen, sondern sie ihre Kenntnisse tatsächlich für konkrete Anlässe brauchen können. Für die Aufgabe E4 bietet es sich z.B. an, kleine Gespräche in der Mensa oder im Restaurant spielen zu lassen. Stellen Sie fiktive Speisekarten zur Verfügung. Die TN spielen zu dritt, zwei Gäste überlegen, was sie essen könnten. Dabei sagen sie, warum sie etwas nicht essen oder essen möchten. „Hm, Fisch! Nein, ich esse nicht gern Fisch. Ich glaube, ich esse Spaghetti mit Tomatensoße." usw. Der Kellner fragt: „Was möchten Sie?" Eine andere Möglichkeit ist eine Party-Situation. Bauen Sie ein kleines Buffet aus Salzgebäck auf. Die TN gehen im Kursraum umher und unterhalten sich mit verschiedenen Gesprächspartnern. Dabei wenden sie ihre schon erworbenen Deutschkenntnisse an: „Hallo, Anne! Wie geht es dir? Schau, Wein!" „Ich trinke nicht gern Wein." Korrigieren Sie in dieser Phase keine Fehler. Es geht in erster Linie um die Freude am Spiel und um die Motivation, schon auf diesem Niveau möglichst frei zu sprechen.

Arbeitsbuch 24-25: in Stillarbeit oder als Hausaufgabe

LERN
TAGEBUCH   **Arbeitsbuch 26:** In dieser Lektion lernen die TN eine Form des Vokabelwiederholens kennen: Es ist oft leichter, Vokabeln nach (Ober-)Begriffen zusammengefasst zu behalten. Das hier dargestellte Assoziogramm bietet durch seine offene Form die Möglichkeit, individuell den Wortschatz zu notieren und diesen immer weiter zu ergänzen. Die TN ergänzen hier zunächst Lebensmittel, Getränke und Maßeinheiten. Später können sie die Wörter als zusätzliche Merkhilfe auch in ihre Muttersprache übersetzen.

Einen Test zu Lektion 3 finden Sie auf Seite 120 f. Weisen Sie die TN auf die interaktiven Übungen auf ihrer Arbeitsbuch-CD hin. Die TN können mit diesen Übungen den Stoff der Lektion selbstständig wiederholen und sich ggf. auch auf den Test vorbereiten.

Materialien
Zutaten für einen Kartoffelsalat, Brot und deutsche
Würstchen (falls erhältlich), Schüssel, Messer,
Schneidebretter.
Kopiervorlage „Zwischenspiel zu Lektion 3"

Zwischenspiel 3 *Brotzeit, Vesper, Jause ...*
Wir machen (k)eine Pause. Wir machen Kartoffelsalat.
Landeskunde: Namen für Lebensmittel in den deutschsprachigen Ländern

1 Bezeichnungen für Lebensmittel in den deutschsprachigen Ländern verstehen

1. Die TN betrachten das Foto und lesen die Namen zu den abgebildeten Fotos. Fragen Sie die TN in ihrer Sprache, ob sie Kartoffelsalat, Wiener Würstchen, Frikadellen und Kasseler Rippchen kennen oder gar schon einmal probiert haben. Verweisen Sie auch auf die Überschrift dieses Zwischenspiels und erklären Sie, was eine Brotzeit ist (siehe auch unter Länderinfo).

2. Den TN ist schon durch das Missverständnis in der Foto-Hörgeschichte bewusst geworden, dass manche Lebensmittel verschiedene Namen in den deutschsprachigen Ländern haben. Jetzt suchen sie in der Tabelle, für welche der abgebildeten Lebensmittel es unterschiedliche Namen gibt. Weisen Sie besonders darauf hin, dass es auch innerhalb Deutschlands Unterschiede gibt. Sprachlich sind insbesondere die Bayern ihren österreichischen Nachbarn oft näher als den norddeutschen Bundesbürgern.

3. Die TN hören, was sie für einen Kartoffelsalat einkaufen müssen, und ergänzen die Einkaufsliste.
   Lösung: drei Pfund Kartoffeln, einen Liter Pflanzenöl, eine Flasche Apfelessig, eine Salatgurke, ein Kilo Zwiebeln, eine Packung Salz, ein Glas Senf

2 Einen Kartoffelsalat machen

1. Zeigen Sie den TN Ihre mitgebrachten Zutaten für einen Kartoffelsalat und lesen Sie mit den TN die Zutaten im Rezept. Erklären Sie, dass „EL" Esslöffel bedeutet. Bitten Sie abwechselnd verschiedene TN nach vorn, lassen Sie sie ein Lebensmittel hochheben und den Namen nennen, damit sich die neuen Wörter einprägen.

2. Verteilen Sie an alle die Kopiervorlage „Zwischenspiel zu Lektion 3". Lösen Sie die Übung mit den TN gemeinsam. Wenn die TN gern selbstständig arbeiten, lassen Sie sie die Übung allein und mit Hilfe des Wörterbuchs lösen.
   Lösung: 2 E; 3 D; 4 F; 5 G; 6 B; 7 C; 8 A

3. *fakultativ:* Die TN konnten nun Schritt für Schritt mitverfolgen, welche Arbeitsschritte für einen Kartoffelsalat notwendig sind. Erklären Sie, dass Sie die ersten beiden Arbeitsschritte (Kartoffeln kochen und kalt werden lassen) schon erledigt haben. Die TN machen nun nach dem Rezept im Buch oder mithilfe der Bilder auf der Kopiervorlage einen Kartoffelsalat.
   Hinweis: Bringen Sie je nach Größe des Kurses Zutaten für 2–3 Gruppen mit und stellen Sie ausreichend Messer, Schüsseln und Schneidebretter zur Verfügung.
   Machen Sie mit den TN gemeinsam Brotzeit mit Kartoffelsalat und Brot. Vielleicht haben Sie, wenn Sie in einer größeren Stadt leben, ja sogar die Möglichkeit, irgendwelche deutschen Würstchen zu kaufen und den TN anzubieten.

LÄNDER INFO

Die Brotzeit ist eine typische Form des Pause-Machens in den deutschsprachigen Ländern. Sie wird z.B. am Vormittag in Firmen von den Mitarbeitern gemacht. Es handelt sich um eine kurze Pause, bei der man einen kleinen Imbiss zu sich nimmt, z.B. belegte Brote und Snacks oder auch kleine warme Speisen wie heiß gemachte Würstchen mit Brot oder eben mit Kartoffelsalat. Auch am Nachmittag oder frühen Abend macht man gern Brotzeit und verzichtet dafür auf ein üppiges, warmes Mittagessen. Zugleich ist die Brotzeit auch das, was man während der Brotzeit isst, also der Imbiss selbst. Auch seinen Kindern gibt man eine Brotzeit in die Schule mit, da es nach wie vor nur wenig Ganztagsschulen gibt und daher auch keine Schulspeisung. Der Begriff „Brotzeit" wird vor allem in Bayern gebraucht. In Nord- und Mitteldeutschland sagt man „zweites Frühstück", „Frühstückspause" oder für den Nachmittag auch „Kaffeetrinken", in Österreich heißt die Brotzeit „Jause", in der Schweiz „Znünipause" oder „Zvieripause" und in Südwestdeutschland (Baden-Württemberg) „Vesper".

Weitere Materialien für noch mehr Abwechslung im Unterricht finden Sie unter www.hueber.de/schritte-international.

4

MEINE WOHNUNG
Folge 4: *Vorsicht!*
Einstieg in das Thema: Wohnen

Materialien
1 Folie der Zeichnung
4 Kärtchen mit den Zitaten der Aufgabe

1

Vor dem Hören: Schlüsselwörter verstehen

1. Ziehen Sie eine farbige Folie von der Zeichnung und legen Sie sie auf. Die TN sehen sich die Zeichnung an und lesen die Begriffe. Sie stellen mit ihrer Partnerin / ihrem Partner Vermutungen darüber an, was die Wörter bedeuten. Wenn die TN Englischkenntnisse haben, werden sie mit „Haus" und „Möbel" keine Schwierigkeiten haben. Da die TN schon das Verb „wohnen" kennen, können sie sich möglicherweise auch „Wohnung" und „Wohnzimmer" erschließen. Helfen Sie nicht, sondern geben Sie den TN Gelegenheit zu Spekulationen.

2. TN, die glauben, einen Begriff richtig zeigen zu können, kommen nacheinander nach vorne und zeigen ihren Begriff auf der Folie. Fragen Sie die anderen, ob sie zustimmen. Helfen Sie, wenn ein Begriff von niemandem richtig zugeordnet werden kann. Machen Sie die TN darauf aufmerksam, dass das unterste Stockwerk „Erdgeschoss" bzw. „Parterre" heißt. Die Zählung der Stockwerke beginnt erst ab dem ersten Obergeschoss. Diese Information ist besonders wichtig, wenn Sie in einem Land unterrichten, wo das Erdgeschoss der erste Stock ist (z.B. USA, Finnland).

3. *fakultativ:* Die TN suchen in ihrem Wörterbuch selbstständig nach den deutschen Entsprechungen für die anderen Zimmer. Bitten Sie einzelne TN, nach vorne zu kommen, und die Zimmernamen auf die Folie zu schreiben.

2

Vor dem Hören: Vermutungen äußern

1. Lesen Sie Aufgabe a) vor. Das Wort „Vorsicht" könnte einigen TN geläufig sein, vor allem, wenn sie schon einmal ein deutschsprachiges Land besucht haben. Wenn nicht, übersetzen Sie es in Ihre Muttersprache und geben Sie den TN Zeit, die Fotos anzusehen und sich zu überlegen, warum das der Titel der Foto-Hörgeschichte sein könnte.

2. Sprechen Sie mit den TN über ihre Vermutungen: Warum heißt die Geschichte wohl „Vorsicht"?
   Geben Sie dabei bitte keine Hinweise über die tatsächliche Handlung. Die TN sollen ihrer Fantasie freien Lauf lassen.

3. Lesen Sie Aufgabe b) vor. Die TN überlegen gemeinsam, was Corinnas Beruf ist. Klären Sie auch hier die TN nicht über den tatsächlichen Beruf Corinnas auf.

3

Beim ersten Hören

1. Die TN versuchen, beim Hören herauszufinden, warum die Geschichte „Vorsicht" heißt.

2. Sprechen Sie abschließend mit den TN in ihrer Sprache darüber.
   Lösungsvorschlag: Frau Wolleschak warnt Timo vor Corinna und meint, er soll vorsichtig sein. Sie kennt vielleicht das Bild in Corinnas Arbeitszimmer und macht sich einen Spaß daraus, Timo ein bisschen zu verunsichern.

4

Nach dem ersten Hören: Kernaussagen der Geschichte verstehen

1. Schreiben Sie vorab die Zitate aus der Foto-Hörgeschichte auf große Kärtchen. Erstellen Sie die Kärtchen so oft, dass jede Kleingruppe von vier TN einen Kärtchensatz bekommen kann.

2. Die TN lesen die Zitate auf den Kärtchen und legen jedes Kärtchen zum passenden Foto. Spielen Sie zur Hilfestellung die Foto-Hörgeschichte noch einmal vor.

3. Abschlusskontrolle im Plenum: Die TN tragen dabei die korrekte Lösung in ihr Kursbuch ein.
   Lösung: a) Foto 7; c) Foto 5; d) Foto 2; e) Foto 1; f) Foto 3; g) Foto 4; h) Foto 6

5

Nach dem Hören: Über eine Person sprechen

1. Lesen Sie mit den TN die Adjektive und machen Sie mimisch-gestisch vor, was sie bedeuten, indem Sie z.B. bei „böse" ein finsteres Gesicht ziehen oder bei „höflich" eine Verbeugung machen und einigen TN freundlich die Hände schütteln.

2. Schreiben Sie an die Tafel: Ich glaube, Timo findet Frau Wolleschak ... . Bitten Sie verschiedene TN, ihre Meinung zu äußern. Die Vorgabe an der Tafel hilft ihnen dabei.

3. *fakultativ:* Wenn die TN Interesse an dieser Geschichte zeigen und signalisieren, dass sie gern mehr zu diesem Thema sagen möchten, geben Sie ihnen die Möglichkeit, auch in ihrer Sprache ihre Meinung zu äußern. Wichtig ist aber, dass die TN es zuvor auch schon auf Deutsch versucht haben, soweit bei ihrem momentanen Kenntnisstand möglich.

Das ist **das Wohnzimmer.**

Der definite Artikel im Singular; Wortfeld „Wohnräume"
Lernziel: Die TN können ihre Wohnung mit einfachen Worten beschreiben.

A **4**

A1 **Präsentation des definiten Artikels**

1. Spielen Sie noch einmal Track 55 und Track 56 vor. Die TN betrachten dabei die Fotos 4 und 5 der Foto-Hörgeschichte. Fragen Sie die TN in ihrer Sprache, was Corinna macht (Sie zeigt Timo ihre Wohnung).

2. Die TN betrachten den Wohnungsgrundriss. Legen Sie eine Folie des Grundrisses auf und lesen Sie vor, was Corinna sagt: „Das ist die Küche, das ist der Flur." Zeigen Sie dabei auf der Folie die Küche und den Flur. Die TN kommen nun nacheinander nach vorne und zeigen ein Zimmer auf dem Grundriss. Dabei sprechen sie nach dem Muster im Buch. Da der Artikel bei jedem Nomen angegeben ist, fällt ihnen das nicht schwer.

3. Verweisen Sie auf den Grammatikspot und schreiben Sie die Beispiele an die Tafel. Die TN ergänzen weitere Zimmer. Erklären Sie, dass es nur wenig Anhaltspunkte gibt, welchen definiten Artikel ein Wort im Deutschen hat. Der Artikel eines Wortes sollte daher immer mitgelernt werden.

A2 **Variation: Anwendungsaufgabe zum definiten und indefiniten Artikel**

1. Gehen Sie vor wie auf Seite 14 beschrieben.

2. Lesen Sie den Musterdialog noch einmal vor und betonen Sie dabei *hier* und *dort*, indem Sie gestisch neben sich (hier) und weiter weg (dort) deuten. Verdeutlichen Sie auch an der Tafel und verweisen Sie auf den Infospot.

3. Verweisen Sie außerdem auf den Grammatikspot und ergänzen Sie mit Hilfe der TN in der Tafelanschrift (A1) die indefiniten Artikel.

4. Bitten Sie die TN, die diese Aufgabe vertiefen wollen, den Musterdialog und ggf. die Varianten in Stillarbeit schriftlich in ihr Heft oder Lerntagebuch zu übertragen. Die TN unterstreichen die Artikel mit verschiedenen Farben. Sie haben dadurch Zeit, sich noch einmal in Ruhe mit den Strukturen zu beschäftigen. TN, die mit der Niederschrift des Dialogs schnell fertig sind, können Sie unterstützen und den TN, die vielleicht Probleme bei der Aufgabe haben, beim richtigen Markieren helfen. Gehen Sie herum und helfen Sie bei Schwierigkeiten.

❗ Sollten Fragen zur Verwendung des indefiniten und definiten Artikels auftauchen, können Sie kurz darauf eingehen, dass Dinge, die im Gespräch neu sind oder über die der Sprecher noch nicht gesprochen hat, mit „ein" eingeführt werden. Sie sollten dieses Thema jedoch nicht zu sehr vertiefen, da die meisten TN erfahrungsgemäß durch Erklärungen eher verwirrt werden. Warten Sie mit Erklärungen dieser Art, bis die TN sich schon mehr mit dem definiten Artikel vertraut gemacht haben. TN, deren Muttersprache auch über Artikel verfügt, können die Verwendung der deutschen Artikel am einfachsten mit ihrer Muttersprache vergleichen. TN, deren Muttersprache nicht über Artikel verfügt, lernen die Verwendung mit der Zeit am besten durch die Praxis und Einschleifen.

Arbeitsbuch 1: als Hausaufgabe

A3 **Anwendungsaufgabe zum definiten und indefiniten Artikel**

1. Die TN sehen sich die Fotos an. Fragen Sie sie, ob ihnen die abgebildeten Personen bekannt sind und was sie über sie wissen. Die TN erzählen in ihrer Sprache.

2. Die TN finden sich paarweise zusammen und lesen das Beispiel. Sie stellen gemeinsam Vermutungen darüber an, welcher Person welches Zimmer gehört. Dabei geht es nicht um richtig oder falsch.

3. Lösen Sie das Rätsel abschließend auf. *Lösung:* Foto oben links: Wohnzimmer von Johann Wolfgang von Goethe; Foto oben rechts: Arbeitszimmer mit Bibliothek von Thomas Mann; Foto unten links: Badezimmer von König Ludwig; Foto unten rechts: Schlafzimmer von Kaiserin Sissi.

Arbeitsbuch 2–6: in Stillarbeit oder als Hausaufgabe

A4 **Aktivität im Kurs: Die eigene Wohnung beschreiben**

1. Zeichnen Sie den Grundriss Ihrer Wohnung an die Tafel und benennen Sie die Zimmer. Sagen Sie: „Das ist meine Wohnung." und beschreiben Sie sie: „Hier ist das Bad ...".

2. Die TN bilden Paare oder Kleingruppen von 3–4 TN. Sie zeichnen die Grundrisse ihrer Wohnungen und beschreiben sich die Wohnungen gegenseitig.

3. Die TN hängen die Grundrisse im Kursraum auf. Wer möchte, kann seine Wohnung im Plenum vorstellen.

Die Wohnung gefällt mir sehr gut.
Sie ist wirklich sehr schön.

Prädikatives Adjektiv; Negation mit *nicht*; Personalpronomen *er/es/sie*
Lernziel: Die TN können Häuser und Wohnungen beschreiben.

Materialien
B2 Kopiervorlage L4/B2

B1   **Präsentation des prädikativen Adjektivs und der Negation mit *nicht***
1. Ein TN liest die Sätze vor.
2. Die TN überlegen still, wie die Reihenfolge sein könnte, und vergleichen mit der Partnerin / dem Partner.
3. Abschlusskontrolle mit Hilfe der CD/Kassette im Plenum.
   Lösung: 2 Die Wohnung gefällt ...; 3 Oh, danke! ...; 4 Meine Wohnung ...
4. Fragen Sie einen TN: „Wie gefällt Ihnen die Wohnung?" und deuten Sie auf den Grundriss in A1. Warten Sie die Antwort des TN ab und fragen Sie einen anderen TN: „Und wie gefällt Ihnen das Zimmer?" Schreiben Sie beide Fragen und Antworten an die Tafel:

Wie gefällt Ihnen die Wohnung?
Wie gefällt Ihnen das Zimmer?

Verdeutlichen Sie, wenn nötig, das Verb „gefallen", indem Sie sagen: „Das Zimmer gefällt mir sehr gut, es ist sehr schön!" und dabei den Daumen nach oben strecken.

Verzichten Sie an dieser Stelle auf ausführlichere Erklärungen oder Übungen zu „gefallen", es geht hier nur um das rezeptive Verstehen des Wortes. In Lernschritt C (Kursbuch, Seite 42) geht es um die aktive Anwendung.

B2   **Anwendungsaufgabe zum prädikativen Adjektiv und der Negation mit *nicht***
1. Die TN bearbeiten vorab die Kopiervorlage L4/B2 zur Semantisierung der Adjektive. Gehen Sie herum und helfen Sie bei Schwierigkeiten.
2. Die TN betrachten die Zeichnungen im Buch. Ein TN liest den Beispielsatz zu Haus A vor. Machen Sie zwei weitere Beispiele mit „nicht" und „sehr" und zeichnen Sie zur Verdeutlichung von „nicht" und „sehr" ein Tafelbild.

sehr groß   *nicht groß*

Verweisen Sie auf den Infospot und den Grammatikspot.
3. Lesen Sie mit den TN das Beispiel zu Haus B. Jeder TN schreibt in Stillarbeit vier bis fünf Beispiele zu jedem Bild.
4. Die TN vergleichen ihre Sätze mit einer Partnerin / mit einem Partner.
5. Abschlusskontrolle im Plenum. *Lösung:* Haus A: ... teuer/groß; ... klein/schmal; Haus B: ... billig/klein/alt/schmal ...

B3   **Variation: Präsentation der Personalpronomen: *der* → *er***
1. Gehen Sie vor wie auf Seite 14 beschrieben.
2. Wiederholen Sie noch einmal die definiten Artikel anhand des Wortfelds „Wohnung" (das Bad, das Zimmer ...) und machen Sie dazu Beispiele. Geben Sie auch ein Beispiel zu den Artikeln „der" und „die". Schreiben Sie an die Tafel:

Es
Das Bad ist klein. ~~Das Bad~~ ist sehr klein.

Arbeitsbuch 7: in Stillarbeit oder als Hausaufgabe; **8:** in Stillarbeit: Die TN erkennen, dass sich die Form des prädikativen Adjektivs im Deutschen nicht ändert, möglicherweise im Gegensatz zu ihrer Muttersprache; **9–11:** in Stillarbeit oder als Hausaufgabe

B4   **Aktivität im Kurs: Partner-Ratespiel**
1. *fakultativ:* Die TN sehen sich die Zeichnungen an. Führen Sie bei Interesse der TN die deutschen Wörter für diese Wohnungen ein: der Wohnwagen, das Schloss, der Wolkenkratzer / das Hochhaus, das Hausboot, die (Holz)Hütte, die Villa / das Luxusapartment.
2. Die TN lesen in Partnerarbeit das Beispiel. Sie beschreiben sich gegenseitig eine Wohnung, die Partnerin / der Partner versucht, sie zu erraten. Sie wiederholen das Ratespiel mehrmals.
   Variante: Die TN gehen mit ihrem Buch umher und beschreiben einer Partnerin / einem Partner eine Wohnung. Wenn sie/er die Wohnung erraten hat, tauschen die Partner die Rollen. Anschließend gehen sie weiter und suchen sich neue Partner.

Du hast aber schöne **Möbel!**

Plural des definiten Artikels; Wortfelder „Einrichtungsgegenstände" und „Farben"
Lernziel: Die TN können Gefallen und Missfallen ausdrücken. Sie können Möbelstücke,
Elektrogeräte und Farben benennen.

C **4**

C1 Präsentation des Wortfelds „Einrichtungsgegenstände"

1. Die TN sehen sich das Bild an. Legen Sie die Folie auf. Ein TN liest das erste Beispiel laut vor und zeigt auf der Folie den Schrank. Ein anderer TN zeigt auch die Lampe auf der Folie.
2. Die TN lösen die Aufgabe in Stillarbeit, ggf. mit Hilfe des Wörterbuchs. Gehen Sie herum und helfen Sie.
3. Abschlusskontrolle im Plenum: Je ein TN kommt nach vorne und beschriftet die Folie.
   Lösung: 1 der Schrank; 2 der Stuhl; 3 der Tisch; 4 das Bett; 5 das Sofa; 6 der Herd; 7 die Waschmaschine; 8 der Kühlschrank; 9 der Fernseher; 10 die Lampe; 11 die Dusche; 12 die Badewanne; 13 das Waschbecken
4. *fakultativ:* Die TN zeichnen ihre Wohnung und beschreiben mit den Redemitteln, die ihnen zur Verfügung stehen, ihrer Partnerin / ihrem Partner das Inventar: „Das ist das Wohnzimmer. Hier ist ein Tisch. Der Tisch ist groß."

PHONETIK **Arbeitsbuch 12:** Gehen Sie anhand des Beispiels „Wohnzimmer" zunächst auf die Wortbildung ein und erklären Sie kurz, wie aus zwei Wörtern ein neues Wort entstehen kann: Es geht um ein ganz bestimmtes Zimmer, ein Zimmer, in dem man wohnt. Aus „wohnen" und „Zimmer" wird „Wohnzimmer", dabei entfällt die Infinitiv-Endung des Verbs. Wenn Sie das Thema vertiefen möchten, fragen Sie die TN, wie die Wörter „Schlafzimmer" und „Waschmaschine" entstanden sind. Zeigen Sie analog, wie man aus zwei Nomen ein neues Nomen machen kann, z.B. Kinderzimmer. Verzichten Sie aber auf ausführliche Erklärungen zur Wortbildung (Fugen-s, andere Sonderfälle), es genügt, wenn den TN das Prinzip klar wird. Spielen Sie die CD vor, die TN markieren den Wortakzent. Fragen Sie, auf welcher Silbe in den neu entstandenen zusammengesetzten Wörtern der Wortakzent ist. Es sollte den TN deutlich werden, dass der Wortakzent bei Komposita auf der betonten Silbe des ersten Wortes liegt, und das ist meistens die erste Silbe überhaupt (vgl. dagegen „Kapitänsfrau" oder „Berufsschule"). Die TN hören noch einmal und sprechen die Wörter nach.

Arbeitsbuch 13: als Hausaufgabe

C2 Präsentation des Pluralartikels *die*

1. Verweisen Sie auf den Grammatikspot. Ein TN liest die Formen laut vor. Achten Sie darauf, dass sie/er dabei vor jedes Nomen im Plural den Artikel „die" setzt.
2. Schreiben Sie an die Tafel: „Wie gefällt Ihnen der Stuhl?" Fragen Sie einen TN: „Wie gefallen Ihnen die Stühle?" und deuten Sie auf zwei Stühle. Schreiben Sie auch die zweite Frage an die Tafel.

> *Wie gefällt Ihnen der Stuhl?*   *Wie gefallen Ihnen die Stühle?*

Zeigen Sie anhand des Tafelbilds den Unterschied zwischen Singular und Plural. Verweisen Sie auch auf den Infospot zu „gefallen".

! Denken Sie bitte daran, dass es ausschließlich darum geht, die Wendungen lexikalisch einzuschleifen, um sie als Redemittel für die TN bereitzustellen. Erklärungen zum Dativ sind an dieser Stelle nicht notwendig.

3. Die TN lesen still die Beispiele.
4. Die TN fragen und antworten sich gegenseitig in Partnerarbeit. Gehen Sie herum und helfen Sie bei Schwierigkeiten.
5. Zum Abschluss der Aktivität können Sie noch ein paar Beispiele im Plenum nennen lassen.

6. *fakultativ:* Verteilen Sie Möbelprospekte. Die TN bilden Gruppen nach Neigung. TN, die den Wortschatz wiederholen möchten: Die TN befragen sich gegenseitig, z.B. „Was ist das?", „Ein Stuhl."; TN, die die definiten und indefiniten Artikel wiederholen möchten: Sie machen Beispielsätze zu den Artikeln, z.B. „Das ist ein Stuhl. Der Stuhl ist klein."; TN, die den Plural wiederholen möchten: Die TN zeigen auf die Möbel und fragen sich gegenseitig: „Der Stuhl?" – „Die Stühle." Wenn genug Zeit vorhanden ist, können die TN der dritten Gruppe auch Möbel aus den Prospekten ausschneiden und auf Plakate kleben und mit Singular und Plural beschriften.
   Variante: Wenn Sie nicht genug Möbelprospekte haben, können die TN stattdessen „Fünf gewinnt" spielen (Kopiervorlage L4/C2).

Arbeitsbuch 14: in Stillarbeit; **15–16:** als Hausaufgabe: Mit Übung 16 können die TN noch einmal selbstständig das System der Artikel und Personalpronomen in Nominativ erarbeiten und sich bewusst machen.

LERN **Arbeitsbuch 17:** Die TN ergänzen den definiten Artikel und die Pluralform zu den aufgeführten, nach Oberbegriffen geordneten
TAGEBUCH Nomen. Sie lernen dadurch, sich Artikel und Pluralformen selbst zu erarbeiten. Dazu können die TN die Wortliste im Buch ab Seite 162 oder ihr Wörterbuch benutzen.

4 C Du hast aber schöne **Möbel!**

Plural des definiten Artikels; Wortfelder „Einrichtungsgegenstände" und „Farben"
Lernziel: Die TN können Gefallen und Missfallen ausdrücken. Sie können Möbelstücke, Elektrogeräte und Farben benennen.

TIPP
Bitten Sie die TN, für ihre zukünftige „Deutschkarriere" immer den Artikel und auch die Pluralform gleich mitzulernen. Durch regelmäßiges Wiederholen werden die Formen eingeschleift und automatisiert. Beginnen Sie ab und zu eine Stunde, indem die TN selbst Wortlisten zu ihnen bekannten Nomen machen und sich gegenseitig in Kleingruppen von 2– 4 TN in einer Art Blitzdurchgang die Pluralformen und Artikel der Nomen abfragen.

C3 **Aktivität im Kurs: Ratespiel**
1. Ein TN liest die Farben vor. Zeigen Sie die Farben z.B. an Kleidungsstücken oder Gegenständen im Kursraum mit.
2. Zwei TN lesen das Beispiel im Buch. Lassen Sie, wenn nötig, noch ein Beispiel im Plenum bilden.
3. Die TN machen die Aufgabe zu zweit. Gehen Sie herum und helfen Sie bei Schwierigkeiten.

TIPP
Wenn Sie etwas mehr Bewegung im Unterricht mögen, können Sie auch zu Beginn oder am Ende der nächsten Unterrichtsstunde Luftballons in verschiedenen Farben mitbringen und zur Wiederholung der Farben die TN auffordern aufzustehen, die Luftballons anzustupsen und dabei die Farbe zu sagen.

Materialien
D2 Kärtchen mit Zahlen
D5 Anzeige B auf Folie; Kopiervorlage L4/D5

Wohnungsanzeigen

Zahlen von 100–1 000 000
Lernziel: Die TN können bis 1 000 000 zählen und aus einer Wohnungsanzeige Informationen
entnehmen.

D   **4**

D1 **Präsentation der Zahlen bis zu einer Million**
1. Die TN hören die Hunderterzahlen, lesen mit und sprechen nach.
2. Die TN schreiben abwechselnd eine der Zahlen an die Tafel, die anderen lesen diese laut ab.

D2 **Hörverstehen: Große Zahlen verstehen**
1. Die TN hören das erste Beispiel und lesen im Buch mit.
2. Die TN hören die übrigen Beispiele und kreuzen die richtigen Zahlen in ihrem Buch an.
3. Als Abschlusskontrolle kommt je ein TN an die Tafel, ein anderer diktiert die passende Zahl. Dadurch wird sichergestellt, dass die TN die Zahlen richtig verstanden haben und auch selbst anwenden können.
   Lösung: b) 2055; c) 340; d) 6973; e) 88 000; f) 600 000
4. Schreiben Sie verschiedene Zahlen auf Kärtchen (auch mit Zehnern usw., z.B. 381, 499 ...) und halten Sie die Kärtchen hoch. Die TN lesen die Zahl laut ab. Die TN können auch selbst Kärtchen schreiben und „spielen" abwechselnd Lehrer.

D3 **Anwendungsaufgabe zu den Zahlen**
1. Die TN arbeiten zu zweit. Jeder TN nimmt ein Blatt Papier zur Hand, das sie/er später im Lerntagebuch abheften kann.
2. Ein TN sagt eine Zahl, z.B. „dreitausendfünfhundertneunundachtzig", und beide TN schreiben die Zahl in Ziffern (3589) auf das Papier, ohne dass es die Partnerin / der Partner sieht. Dann vergleichen die beiden ihre Zahlen. Die TN wechseln sich ab und nennen und schreiben eine Zahl.

Arbeitsbuch 18: im Kurs

D4 **Leseverstehen 1: Mietpreise aus Wohnungsanzeigen entnehmen**
1. Erklären Sie zunächst die Bedeutung des Wortes „Miete": „Ich wohne in einer Wohnung und dafür zahle ich Geld. Dieses Geld ist die Miete. Meine Wohnung kostet ... Euro."
2. Fragen Sie: „Wie hoch ist der Mietpreis in Anzeige A maximal?" (200,– €).
3. Die TN markieren in den Anzeigen die Preise.
4. Abschlusskontrolle im Plenum.
   Lösung: B 74 € pro Person/Woche; C 190 € plus 30 € Nebenkosten; D 250 €; E 85 €/ Nacht
5. Lesen Sie mit den TN die Aufgabenstellung b) und machen Sie anhand von Anzeige A deutlich, dass hier nicht eine Wohnung angeboten, sondern gesucht wird. Fragen Sie in Ihrer Sprache, warum, wo und für welchen Zeitraum eine Wohnung gesucht wird. Erklären Sie den Unterschied zwischen „mieten" (in der Wohnung eines anderen wohnen wollen und dafür bezahlen) und „vermieten" (eine Wohnung haben und anbieten). Die TN lösen die Aufgabe in Stillarbeit.

   ❗ Helfen Sie nicht mit Worterklärungen. Die TN sollten lernen, dass sie die wichtigsten Informationen finden können, auch ohne jedes Wort zu kennen.
6. Abschlusskontrolle im Plenum. *Lösung:* Anzeige D
7. Die TN lösen selbstständig Aufgabe c).
8. Abschlusskontrolle im Plenum. *Lösung:* Anzeige B, C, E
9. Geben Sie abschließend Gelegenheit zu Wortschatzfragen und verweisen Sie auch auf den Infospot.

D5 **Leseverstehen 2: Eine passende Wohnung finden**
1. Ein TN liest Beispiel a) vor.
2. Legen Sie eine Folie von Anzeige B auf. Die TN sollen erklären, warum die Wohnung hier passt. Markieren Sie die relevanten Textstellen auf der Folie: Wohnen auf Zeit, 74 € pro Person/Woche
3. Die TN bearbeiten die Beispiele b) und c) in Stillarbeit. Dabei markieren sie die relevanten Textstellen. Diese Lesestrategie sollten sich die TN von Anfang an angewöhnen, denn so stellen sie sicher, dass sie für die richtige Lösung nichts Wichtiges übersehen haben, und lernen, dass für eine bestimmte Information nicht alles verstanden werden muss. Diese Strategie nützt den TN später auch bei den Prüfungen *Start Deutsch* und *Zertifikat Deutsch*.
4. Abschlusskontrolle im Plenum. *Lösung:* b) Anzeige E; c) Anzeige C
5. *fakultativ:* Die TN spielen in Partnerarbeit Wohnungsvermittlung. Verteilen Sie dazu pro Paar einmal die Kopiervorlage L4/D5. Für jeden TN gibt es zwei Rollen, damit jeder einmal Maklerin / Makler und einmal Kundin / Kunde ist.

Arbeitsbuch 19: in Stillarbeit

PHONETIK **Arbeitsbuch 20–21:** Die TN haben in Lektion 3 die unterschiedlichen Längen der Vokale „a" und „o" geübt. Gehen Sie analog für die Vokale „e" und „i" vor. Machen Sie die TN besonders auf den Unterschied in der Aussprache zwischen kurzem, offenem „e" und langem, geschlossenem „e" aufmerksam. Sie können das geschlossene „e" mit den TN trainieren, indem Sie sie bitten, „iiiiiiii" zu sagen und dabei allmählich in „e" überzugehen, wobei sie die Mundstellung weiterhin wie bei „iiiiiiii" lassen, also: „iiiiiiiieeeeee".

4 E Wohnstile

Einen Zeitungsartikel verstehen.
Lernziel: Die TN können einen einfachen Text lesen und über unterschiedliche Wohnstile sprechen.

Materialien
E1 Plakate, rote, grüne und blaue Stifte
E2 Folie des Textes
Test zu Lektion 4
Wiederholung zu Lektion 3 und Lektion 4, Würfel

E1 Wiederholung der Wortfelder „Wohnung", „Möbel" und „Farben"

1. Teilen Sie den Kurs in drei Gruppen. Jede Gruppe erhält ein Plakat und einen Stift. Jede Gruppe malt einen Wortigel auf ihr Plakat und notiert Begriffe zu ihrem Wortfeld: eine Gruppe zu „Wohnung", eine Gruppe zu „Möbel" und eine Gruppe zu „Farben". Geben Sie dafür nur eine Minute Zeit! Wichtig auch: Die Gruppe „Wohnung" benutzt einen roten Farbstift, die Gruppe „Möbel" einen grünen und die Gruppe „Farben" einen blauen. Dadurch bereiten Sie die TN auch schon auf die Aufgabe E2 vor.
2. Die Plakate werden aufgehängt und, wenn nötig, im Plenum um noch fehlende Begriffe ergänzt.

E2 Lesestrategie: Wichtige Informationen farbig kennzeichnen

1. Erklären Sie den TN, was ein „Sternzeichen" ist. Wenn genug Zeit ist, können Sie auch fragen, wer sich für Sternzeichen interessiert, was die TN über Sternzeichen wissen und ob sie an ihre Bedeutung glauben. Sprechen Sie in Ihrer Sprache.
2. Die TN haben in Lernschritt D schon geübt, die interessanten bzw. für sie wichtigen Informationen in Anzeigentexten zu markieren. Erweitern Sie diese Lernstrategie nun: Für verschiedene Informationen werden verschiedene Kennfarben verwendet. Lesen Sie mit den TN die Aufgabenstellung und sehen Sie sich gemeinsam das Beispiel zum Sternzeichen Wassermann an.
3. Die TN lesen in Stillarbeit den Text und markieren in drei Farben die Informationen, die für die Vorlieben eines jeden Sternzeichens bezüglich Wohnung, Möbel, Lieblingsfarben gegeben werden. Achtung: Nicht für jedes Sternzeichen gibt es zu allen drei Punkten Informationen!
4. Legen Sie eine Folie des Textes auf. Die TN markieren abwechselnd die Informationen zu den Sternzeichen in den drei Farben auf der Folie. Die anderen vergleichen mit ihren Markierungen.

E3 Hörverstehen: Meinungen verstehen

1. Spielen Sie das Gespräch mehrmals vor. Die TN kreuzen ihre Lösung an.
2. Abschlusskontrolle im Plenum. *Lösung:* Lara, Peter

E4 Aktivität im Kurs: Über Sternzeichen und die eigenen Vorlieben bei einer Wohnung sprechen

1. Die TN lesen die Beispiele in den Sprechblasen.
2. Sie suchen ihr Sternzeichen und lesen ihren Text noch einmal. Gehen Sie herum und beantworten Sie individuell Wortschatzfragen.
3. *fakultativ:* Die TN machen sich Notizen dazu, was in ihrem Text zutrifft und was nicht.
4. Die TN berichten im Plenum oder – in großen Kursen – in Kleingruppen von 4–6 TN, inwiefern sie den Sternzeichen-Text passend finden.

Arbeitsbuch 22–23: als Hausaufgabe

LERN TAGEBUCH Arbeitsbuch 24: In dieser Lektion systematisieren die TN wiederum den neuen Wortschatz mit Hilfe eines Wortigels (vgl. Lektion 3). Eine Möglichkeit zur Memorierung des richtigen Artikels ist die farbige Kennzeichnung: Es werden verschiedene Farben eingesetzt, um die unterschiedlichen Artikel hervorzuheben und die Einprägung zu erleichtern. Die TN können sich also das Wort mit Hilfe des Wortigels und des Kontexts, in dem es vorkommt, merken und den dazugehörigen Artikel mithilfe der farbigen Markierung. Lassen Sie es sich zur Gewohnheit werden, die Artikel neuer Nomen an der Tafel immer mit farbiger Kreide bzw. Whiteboardmarkern zu markieren und zwar immer die gleiche Farbe für den gleichen Artikel. Ermuntern Sie auch die TN, sich diese zusätzlichen Signale anzugewöhnen und für jeden Artikel eine feste Farbe zu benutzen. Die TN ergänzen hier zunächst die ihnen bekannten und die neuen Vokabeln zum Thema *Wohnung*, *Möbel* und *Elektrogeräte*. Dabei achten sie darauf, dass sie die Vokabeln mit dem definiten Artikel eintragen und die Artikel differenzieren.

Einen Test zu Lektion 4 finden Sie auf Seite 122 f. Weisen Sie die TN auf die interaktiven Übungen auf ihrer Arbeitsbuch-CD hin. Die TN können mit diesen Übungen den Stoff der Lektion selbstständig wiederholen und sich ggf. auch auf den Test vorbereiten. Wenn Sie mit den TN den Stoff von Lektion 3 und Lektion 4 wiederholen möchten, verteilen Sie die Kopiervorlage „Wiederholung zu Lektion 3 und Lektion 4" (Seite 108–109): Die TN arbeiten zu zweit und würfeln abwechselnd. Würfelt ein TN eine ungerade Zahl, muss sie/er eine Aufgabe von Blatt A bearbeiten (der Reihe nach), würfelt sie/er eine gerade Zahl, bearbeitet sie/er eine Aufgabe von Blatt B. Die Partnerin / Der Partner kontrolliert jeweils.

Zwischenspiel 4
„Die Adresse ist ..."
Leseverstehen/Hörverstehen: Adressen in der Glaserstraße

1 Leseverstehen: Verschiedene Textsorten global verstehen

1. Die TN sehen sich das Foto an. Fragen Sie sie zur Einstimmung, was für Leute in den Häusern wohnen könnten (Familien, Studenten, Senioren, junge Paare ...). Die TN stellen in ihrer Sprache Vermutungen an. Wenn Sie in einer größeren Stadt mit ähnlichen Bauten wie auf dem Foto unterrichten, können Sie auch fragen, wie groß die Wohnungen wohl sind und wie sie innen aussehen.

2. Die TN lesen die verschiedenen Texte auf der Seite. Geben Sie keine Wortschatzhilfen und erlauben Sie auch keine Wörterbücher. Es ist wichtig, dass die TN lernen, auch aus dem Kontext Rückschlüsse zu ziehen. Um das Verständnis der Texte zu sichern, können Sie die Kopiervorlage „Zwischenspiel zu Lektion 4" verteilen. Die TN lösen Übung 1 in Stillarbeit.
   Lösung: a) richtig; b) falsch; c) falsch; d) falsch; e) richtig; f) falsch; g) richtig
   Variante: Teilen Sie den Kurs in Gruppen. Jede Gruppe liest nur ein bis zwei Texte und berichtet anschließend dem Kurs über das Gelesene. Achten Sie darauf, dass die TN den Text nicht einfach nacherzählen oder fast noch einmal vorlesen, sondern sich auf die wesentlichen Informationen beschränken. Wenn Sie sich für diese Variante entscheiden, sollten die TN die übrigen Texte als Hausaufgabe lesen und die Übung 1 der Kopiervorlage bearbeiten.

3. Spielen Sie die Nachricht vor. Die TN streichen die falschen Informationen in Übung 2 der Kopiervorlage zum Zwischenspiel durch. Abschlusskontrolle im Plenum.
   Lösung: falsch: b) Herr Dürr arbeitet bei der DILEDA-Versicherung. c) Die DILEDA-Versicherung hat keine neue Adresse. d) Die DILEDA-Versicherung hat die Hausnummer 2. e) Die Versicherung hat das Büro im zweiten Stock. f) Das Haus ist nicht modern.
   Variante: In Kursen mit überwiegend sehr lerngewohnten TN können Sie die Aufgabe schwieriger gestalten: Verzichten Sie auf die Kopiervorlage, spielen Sie die Nachricht vor und stellen Sie Fragen zum Verständnis: „Wer spricht die Nachricht? Für wen ist die Nachricht? Warum ruft die Person an? Wie ist die neue Adresse? Wie sieht das Haus aus?" Die TN sollten sich die Antworten dazu notieren, damit sie die Informationen für Aufgabe 2 zur Hand haben.
   Lösung: Wer: Klaus Niemann von der DILEDA-Versicherung; *Für wen:* Günter Dürr; *Warum:* Die Versicherung ist umgezogen; *Neue Adresse:* Glaserstr. 12, vierter Stock; *Haus:* grau, neu, mit viel Glas und Beton

2 Eine Aufgabe zum Leseverstehen lösen

1. Die TN lesen die Aufgabe. Damit sie die Aufgabe lösen können, geben Sie ihnen einige Hinweise zur Zählung der Hausnummern in Deutschland (siehe unten).

2. Die TN bearbeiten die Aufgabe in Partnerarbeit. Mithilfe der Texte und des Nachrichtentextes auf dem Anrufbeantworter versuchen sie herauszufinden, wer wo wohnt. Erinnern Sie die TN daran, sich für die Beantwortung der Aussagen relevante Passagen in den Texten und in ihren Notizen zum Nachrichtentext zu markieren. Gehen Sie herum und helfen Sie bei Schwierigkeiten.

3. Abschlusskontrolle im Plenum. *Lösung:* Andrea Keller: b; Restaurant Glaserhof: a; Katrin: d; Alexa: e; DILEDA-Versicherung: f; 4 ½ Zimmer-Wohnung: c; keine Informationen: g, h

4. *fakultativ:* Fragen Sie, was die TN über die Wohnsituation im eigenen Land wissen: Wohnt man normalerweise zur Miete, im Eigenheim? In Wohnungen oder Häusern? Regen Sie als Hausaufgabe eine Internetrecherche zu diesem Thema an. Die TN vergleichen mit den deutschsprachigen Ländern, sie finden dazu Informationen unter www.hueber.de/schritte-international. Sie präsentieren ihre Ergebnisse in der nächsten Unterrichtsstunde.

LÄNDER INFO Die Zählung der Hausnummern beginnt in den meisten Städten und ländlichen Gemeinden an dem Ende der Straße, das näher am Zentrum liegt, bzw. an der Stelle, wo die kleinere Straße von einer größeren abzweigt. Das gilt vor allem für Wohnviertel. Gezählt wird aufsteigend, allerdings befinden sich auf der einen, meistens der rechten Seite nur die geraden Nummern, auf der anderen, linken Seite nur die ungeraden Nummern. Wer also eine Straße entlanggeht auf der Suche nach einer bestimmten Hausnummer, sollte sich vorab für eine Straßenseite entscheiden und dann in Zweierschritten (2, 4, 6 ...) weiterzählen. Dieses System gilt häufig, aber nicht immer. So gibt es auch Städte oder Stadtteile, z.B. in Berlin, wo auf einer Straßenseite durchgehend aufwärts gezählt wird (1, 2, 3 ...), bis man am Ende der Straße ankommt, und dann auf der anderen Seite weiter mit aufsteigenden Nummern, wenn man die Straße wieder zurückgeht. Steht man also am Beginn einer Straße, kann es sein, dass man auf der rechten Straßenseite die Hausnummer 1 findet, das gegenüber liegende Haus auf der linken Seite aber die Hausnummer 50 hat. In kleinen Dörfern, in denen es keine längeren Straßenzüge gibt, kann es sein, dass Häuser in der Reihenfolge nummeriert wurden, in der sie erbaut wurden. Es gibt dann keine Systematik, allerdings oft auch nur wenige Häuser.

Weitere Materialien für noch mehr Abwechslung im Unterricht finden Sie unter www.hueber.de/schritte-international.

Materialien
1 *Variante:* Bild eines Clowns
2 Satzkarten
3 *Variante:* Poster zur Foto-Hörgeschichte, große
  Karten mit den Zitaten aus der Aufgabe,
  Klebeband

__1__ **Vor dem Hören: Die Foto-Hörgeschichte situieren**

1. Die TN betrachten die Fotos und lesen Aufgabe a). Sie kreuzen ihre Lösung an. Helfen Sie nicht mit den Wörtern, da die TN sie mit Hilfe ihrer Englischkenntnisse sicher verstehen.
2. Abschlusskontrolle im Plenum. *Lösung:* Auf einer Gartenparty.
3. Führen Sie die Wörter „langweilig" und „lustig" pantomimisch ein, z.B. indem Sie so tun, als ob Sie ein Buch lesen würden, dabei gähnen Sie, seufzen gelangweilt und legen das Buch schließlich weg. Sagen Sie: „Das ist aber langweilig!" Das Wort „lustig" können Sie zeigen, indem Sie noch mal das Buch lesen und dabei immer wieder kichern und sich den Bauch halten. Sagen Sie: „Ach, wie lustig!"
   Variante: Wenn Sie ein Bild von einem Clown haben, können Sie alternativ auch dieses zeigen.
4. Die TN stimmen darüber ab, wie die Frau Timo findet: langweilig oder lustig?
5. *fakultativ:* Wenn die TN sehr interessiert sind oder schon ein bisschen Deutsch sprechen, können Sie weitere Adjektive einführen, z.B. sympathisch, unsympathisch, nett usw.

__2__ **Beim ersten Hören**

1. Fragen Sie die TN, was Timo den Tag über macht. Die TN schreiben Satzkarten in ihrer Sprache zu den Fotos 2-6. Indem sie sich in der Muttersprache über Timos Aktivitäten klar werden, verstehen sie sie auch auf Deutsch leichter, weil sie eine Hör-Erwartung haben.
2. Die TN hören die Foto-Hörgeschichte einmal ganz.

__3__ **Nach dem ersten Hören: Aktivitäten verstehen**

1. Die TN lesen die Zitate aus der Geschichte. Sie hören die Geschichte noch einmal und achten genau darauf, an welcher Stelle die Zitate jeweils vorkommen. Allein oder zu zweit ordnen sie die Zitate den Fotos zu.
   Variante: Wenn Sie die Poster zu den Foto-Hörgeschichten haben, hängen Sie das Poster zu dieser Folge für alle sichtbar auf und schreiben Sie vorab die Zitate aus Aufgabe 3 auf große Kärtchen. Die TN hören die Geschichte noch einmal. Wer mag, erhält ein Zitat und darf es an der passenden Stelle auf das Poster kleben. Die anderen kontrollieren.
2. Abschlusskontrolle im Plenum. *Lösung:* a) Foto 2; b) Foto 5; d) Foto 3; e) Foto 6

__4__ **Nach dem Hören: Über Sympathie und Antipathie sprechen**

1. Wenn Sie bei Aufgabe 1 schon weitere Adjektive mit den TN gesammelt haben, sind den TN die in Aufgabe 4 genannten vielleicht schon bekannt. Wenn nicht, lesen Sie die Adjektive mit den TN und erklären Sie ihre Bedeutung. Die TN können weitere Adjektive in ihrer Sprache rund um das Thema „Sympathie" nennen. Notieren Sie die deutschen Entsprechungen an der Tafel.
2. Die TN äußern ihre Meinung dazu, wie Timo Anja findet. Halten Sie die TN dazu an, Deutsch zu sprechen und die neuen Wörter aktiv zu verwenden. Es geht hier nicht darum, sich ausführlich zum Thema zu äußern, sondern sich mit den vorhandenen Kenntnissen in der Fremdsprache auszudrücken. Fragen Sie also auch nicht nach den Gründen für die Meinung der TN. Sonst entsteht unweigerlich ein Gespräch in der Muttersprache.

TIPP   Scheuen Sie sich nicht, auf dem Niveau A1 die Muttersprache der TN für Worterklärungen und Übersetzungen zu Hilfe zu nehmen. Ein möglichst einsprachiger Unterricht auf Deutsch mag zwar wünschenswert sein, aber insbesondere bei Worterklärungen ist es manchmal ökonomischer, die Wörter zu übersetzen – sofern möglich. Im Fall von Aufgabe 4 (oben) können sich die TN so besser auf die anschließende eigentliche Aufgabe, das Kursgespräch, konzentrieren. Erweitern Sie Wortfelder nach Interesse und Bedarf der TN und lassen Sie es zu, dass die TN eine Wortschatzfrage auch in ihrer Sprache stellen. Mit zunehmenden Deutschkenntnissen der TN können Sie immer mehr zu ausschließlich deutschsprachigen Erklärungen übergehen.

Wie spät ist es? Es ist …

Uhrzeit (inoffiziell)
Lernziel: Die TN können nach der Uhrzeit fragen und die Uhrzeit angeben.

A 5

A1 Variation: Präsentation der Uhrzeit: Volle Stunde, *Viertel vor/nach, halb …*

1. Basteln Sie sich vorab mithilfe der Kopiervorlage L5/A1 eine Pappuhr.
2. Fragen und notieren Sie an der Tafel: „Wie spät ist es?" Deuten Sie dabei auf Ihre Armbanduhr oder eine Wanduhr im Kursraum, um die Frage zu verdeutlichen. Die TN hören das kurze Gespräch und lesen im Buch mit. Fragen Sie noch einmal: „Wie spät ist es?" und zeigen Sie mit Hilfe Ihrer Pappuhr die Uhrzeit (fünf Uhr). Wiederholen Sie laut: „Es ist fünf Uhr."
3. Gehen Sie weiter vor wie auf Seite 14 beschrieben.
4. Zeigen Sie mit Hilfe der Pappuhr weitere Beispiele zu „Viertel nach/vor" … und „halb" … .
5. Die TN fragen sich mit Hilfe der Pappuhr, die von TN zu TN wandert, gegenseitig nach unterschiedlichen Uhrzeiten zu voller Stunde, „Viertel vor/nach" und „halb".

! Es geht hier ausschließlich um das Erfragen und Angeben der Uhrzeit. Zeitangaben auf die Frage „Wann?" lernen die TN in Lernschritt C kennen. Sie sollten also hier nicht vorgreifen, sondern sich ausschließlich auf die Uhrzeit konzentrieren.

A2 Hörverstehen: Erweiterung der Uhrzeit

1. Die Aufgabe dient der Vorbereitung auf A3. Die TN sehen sich die Bilder an, dann hören sie die Texte und ordnen ihnen die Bilder zu.
2. Abschlusskontrolle im Plenum. *Lösung:* Text 2: C; Text 3: D; Text 4: B
3. Verweisen Sie auf den Infospot. Machen Sie deutlich, dass man bei der Angabe der inoffiziellen Uhrzeit nur bis zwölf zählt und man nicht „Viertel vor drei Uhr" sagt, sondern nur „Viertel vor drei".

Arbeitsbuch 1–2: in Stillarbeit oder als Hausaufgabe

A3 Systematisierung: *fünf, zehn, zwanzig, … nach/vor*

1. Die TN nennen die Uhrzeiten. Spielen Sie, wenn nötig, die Texte aus A2 noch einmal vor.
   Lösung: B fünf vor halb eins; C zehn vor vier; D fünf vor zwölf
2. Die TN üben mit der Pappuhr und fragen sich abwechselnd nach der Uhrzeit.

A4 Erweiterung: *kurz vor/nach*

1. Zeigen Sie anhand des Beispiels a), dass konkrete Minutenangaben kurz vor oder nach der vollen Stunde im mündlichen Sprachgebrauch kaum gemacht werden. Notieren Sie zur Verdeutlichung an der Tafel:

Es ist ~~vier~~ nach sieben.
kurz
Es ist ~~drei~~ vor elf.
kurz

2. Die TN bearbeiten die restlichen Beispiele in Stillarbeit. Gehen Sie herum und helfen Sie bei Schwierigkeiten.
3. Abschlusskontrolle im Plenum. *Lösung:* b) kurz vor sieben; c) kurz nach elf; d) kurz vor neun

! Gehen Sie hier nicht auf die Lesart der offiziellen Uhrzeit (9 Uhr 58) ein. Diese wird in Lernschritt E eingeführt. Die TN sollten zuerst lernen, wie man die Uhrzeit im privaten Kontext bzw. im mündlichen Sprachgebrauch verwendet.

Arbeitsbuch 3–4: in Stillarbeit oder als Hausaufgabe

A5 Aktivität im Kurs: Uhrzeiten gegenseitig abfragen

1. Die TN zeichnen jeweils einige runde Ziffernblätter mit unterschiedlichen Uhrzeiten auf Kärtchen und finden sich paarweise zusammen. Wenn Sie wenig Zeit haben oder Ihre TN nicht gerne zeichnen, kopieren Sie die Kopiervorlage zu A5 (im Internet) und zerschneiden Sie sie. Jeder TN erhält dann zwei bis drei Karten und zeichnet verschiedene Uhrzeiten ein.
2. Jeder TN zeigt seine Uhren und fragt die Partnerin / den Partner nach der Uhrzeit. Diese / Dieser antwortet entsprechend der Uhrzeit auf dem Kärtchen „Es ist … (Uhr)." Gehen Sie herum und korrigieren Sie ggf. vorsichtig die Fehler, indem Sie die korrekte Uhrzeit wiederholen.
   Variante: Die TN gehen mit ihren Kärtchen im Kursraum umher, zeigen sie verschiedenen Partnern und befragen sich gegenseitig.
   Hinweis: Die Aufgabe eignet sich auch zur Wiederholung der Uhrzeit zu einem späteren Zeitpunkt.

5   B   Ich **räume** die Wohnung **auf.**

Trennbare Verben; Verben mit Vokalwechsel
Lernziel: Die TN können über Aktivitäten sprechen.

Materialien
B1 Folie der Aufgabe, Schere und Kärtchen mit
trennbaren Verben; Kopiervorlage L5/B1
B3/B4 Kopiervorlage zu B3/B4 (im Internet)

B1   Präsentation der trennbaren Verben und des Wortfelds „Aktivitäten"

1. Legen Sie eine Folie der Aufgabe auf, die TN sehen in ihr Buch.
2. Deuten Sie nacheinander auf die Fotos B, D, E und H. Die TN haben die Verben zu diesen Aktivitäten schon in der Foto-Hörgeschichte kennengelernt und sollten die passenden Sätze zuordnen können. Wenn Sie das Poster mit den Zitaten aufgehängt haben, können Sie darauf verweisen, um den TN eine weitere Hilfestellung zu geben. Die TN nennen die Lösungen zu diesen Fotos, Sie tragen sie auf der Folie ein.
3. Auch die korrekte Lösung für Foto A und Foto C ist nun nicht mehr schwierig, da auf Foto A Timo zu sehen ist und auf Foto C Corinna. Tragen Sie die Lösung der TN auf der Folie ein.
    Lösung: A Timo ruft Anton an.; B Timo frühstückt.; C Corinna sieht fern.; D Anton steht früh auf.; E Timo kauft im Supermarkt ein.; H Timo kocht das Mittagessen.
4. Gehen Sie auf Wortschatzfragen der TN ein (z.B. früh, Mittagessen ...).
5. Notieren Sie die Verben „aufstehen", „anrufen" und „einkaufen" an der Tafel. Lassen Sie „fernsehen" vorerst außer Acht, da hier noch der Vokalwechsel dazukommt. Bitten Sie die TN, Ihnen die passenden Beispiele zu den drei Verben aus der Aufgabe zu nennen, und schreiben Sie die Sätze ebenfalls an die Tafel. Erklären Sie anhand dieser Beispiele, dass es im Deutschen Verben gibt, die getrennt werden können. Besonders anschaulich wird das, wenn Sie die drei Verben groß auf je ein Kärtchen schreiben und das Präfix demonstrativ mit einer Schere abschneiden. Machen Sie auch deutlich, dass dieses Präfix ans Satzende wandert:

aufstehen   Anton [steht] früh [auf].   einkaufen   Timo [kauft] im Supermarkt [ein].

anrufen   Timo [ruft] Anton [an].

6. Üben Sie das Wortfeld „Aktivitäten" und die Wortstellung bei trennbaren Verben mit Hilfe der Kopiervorlage L5/B1.
7. Gehen Sie kurz auf die Verben „fernsehen" und „arbeiten" ein und zeigen Sie mithilfe des Grammatikspots im Buch, dass diese Verben in der 3. Person ihre Form ändern.

> Es genügt, wenn die TN sich diese besonderen Formen als Formel merken. Nur wenn Sie sehr interessierte und lernerfahrene TN haben, sollten Sie auf den Vokalwechsel in der 2. und 3. Person bei einigen Verben eingehen – die TN haben schon „sprechen" in Lektion 2 und „essen" in Lektion 3 kennengelernt – und auf das eingeschobene „-e" bei Verben, deren Verbstamm auf „-t", „-d" oder Konsonant + „m" oder „n" (z.B. rechnen, atmen) endet.

B2   Anwendungsaufgabe zum Wortfeld „Aktivitäten"

1. Notieren Sie an der Tafel die Frage „Was macht Frau Bond?" Spielen Sie das erste Geräusch vor. Die TN nennen die Antwort.
2. Die TN hören die übrigen Beispiele. Stoppen Sie die CD/Kassette nach jedem Geräusch und fragen Sie: „Was macht Frau Bond?" Die TN antworten. *Lösung:* 2 Frau Bond frühstückt.; 3 Sie arbeitet.; 4 Sie kauft ein.; 5 Sie kocht (das Essen).; 6 Sie räumt die Wohnung auf.; 7 Sie sieht fern.

Arbeitsbuch 5–6: in Stillarbeit: Die TN verdeutlichen sich selbstständig noch einmal den Unterschied zwischen einfachen und trennbaren Verben sowie die Satzstruktur bei trennbaren Verben. Gehen Sie herum und helfen Sie individuell. Abschlusskontrolle im Plenum.

LERN
TAGEBUCH **Arbeitsbuch 7:** Die TN lernen hier eine Möglichkeit kennen, sich trennbare Verben zu notieren. Sie können das Präfix durch einen Schrägstrich vom Verb abtrennen und wissen so immer, dass dieses Verb im Satz trennbar ist. Die TN können zu Hause selbstständig die bereits im Unterricht besprochenen trennbaren Verben notieren und jeweils einen Beispielsatz bilden. Wenn nötig, können Sie die Liste individuell einsehen. Diese Liste kann im Laufe der Zeit im Kurs oder auch zu Hause immer weiter um neue Verben und Beispielsätze ergänzt werden. Fordern Sie die TN auf, selbstständig notierte Verben und Sätze in den Unterricht „mitzubringen" und zu präsentieren. Dadurch profitieren alle vom individuellen Lernfortschritt des Einzelnen.

Arbeitsbuch 8–10: als Hausaufgabe

B3/B4   Aktivität im Kurs: Partnerinterview

1. Die TN lesen die Liste der Aktivitäten und den Musterdialog.
2. Ergänzen Sie für das anschließende Partnerinterview die Liste um weitere Aktivitäten, die die TN gern auf Deutsch wissen möchten. Damit das nicht ausufert, darf jeder TN nur maximal zwei Verben nennen.
3. Die TN finden sich paarweise zusammen und befragen sich gegenseitig nach dem Muster im Buch.
    Variante: Für Kurse mit vielen lernunerfahrenen TN können Sie die Kopiervorlage zu B3/B4 (im Internet) als Hilfestellung austeilen.
4. Die TN erzählen im Plenum oder in Kleingruppen von 4–5 TN über die Vorlieben und Abneigungen ihrer Partnerin / ihres Partners.

Ich stehe **von** Montag **bis** Freitag **um** halb acht auf.

Wortfeld „Wochentage"; temporale Angaben auf die Fragen *Wann?* und *Wie lange?*
Lernziel: Die TN können sagen, wann sie etwas machen.

C

5

C1   Präsentation der Wochentage und der Präpositionen *am, um, von ... bis*

1. *fakultativ:* Wenn die TN als erste Fremdsprache Englisch gelernt haben, schreiben Sie die Wochentage auf Englisch untereinander an die Tafel und in einer zweiten Spalte die Wochentage auf Deutsch – allerdings nicht in der Reihenfolge Montag bis Sonntag, sondern durcheinander. Die TN versuchen, die entsprechenden Wochentage zuzuordnen, und vergleichen Ähnlichkeiten und Unterschiede. Sollte niemand in Ihrem Kurs Englisch sprechen, steigen Sie mit Punkt 2 ein.
2. Die TN sehen sich die Fotos an. Sie hören die Texte und ergänzen die Lücken.
3. Abschlusskontrolle im Plenum. *Lösung:* halb acht; Montag; Sonntag – halb zwölf

Arbeitsbuch 11–12: in Stillarbeit oder als Hausaufgabe

C2   Variation: Anwendungsaufgabe zu temporalen Angaben

1. Notieren Sie an der Tafel die Frage „Wann macht er eine Party?". Die TN hören das Gespräch zunächst bei geschlossenen Büchern und beantworten die Frage. Akzeptieren Sie an dieser Stelle ggf. die Antwort „sieben Uhr", also ohne die Präposition „um".
2. Gehen Sie weiter vor wie auf Seite 14 beschrieben. Weisen Sie darauf hin, dass „anfangen" auch ein trennbares Verb ist.
3. Notieren Sie einige Beispiele an der Tafel und markieren Sie sowohl das Fragepronomen „Wann?" als auch die temporalen Präpositionen „am" vor Wochentagen und „um" vor Uhrzeiten. Verweisen Sie auch auf den Grammatikspot.

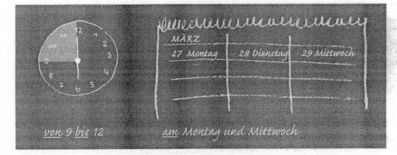

C3   Erweiterung: Der Unterschied Zeitpunkt – Zeitraum

1. Die TN lesen die Aufgabe still durch und hören dann ggf. mehrmals das Gespräch, bevor sie die Lösungen ankreuzen.
2. Abschlusskontrolle im Plenum. *Lösung:* von neun bis zwölf; am Montag und Mittwoch; von sechs bis halb acht
3. Veranschaulichen Sie den Unterschied zwischen der Angabe eines Zeitpunkts („am ...") und eines begrenzten Zeitraums („von ... bis ...") mithilfe eines Ziffernblattes an der Tafel. Verweisen Sie auch auf den Grammatikspot.

C4   Anwendungsaufgabe zu temporalen Angaben

1. Die TN sehen sich Valentinas Wochenplan an. Nicht so geübte TN notieren in Partnerarbeit die ausformulierten Sätze schriftlich. Gehen Sie herum und helfen Sie bei Schwierigkeiten. Schnelle TN oder TN, die lieber sprechen als schreiben, lesen das Beispiel und formulieren mit ihrer Partnerin / ihrem Partner mündlich abwechselnd einfache Sätze mit Hilfe der Stichpunkte und ggf. darüber hinaus.
2. Abschlusskontrolle im Plenum.

Arbeitsbuch 13–15: in Stillarbeit oder als Hausaufgabe

C5   Aktivität im Kurs: Über Termine sprechen

1. Die TN machen sich für die beiden folgenden Tage einen Terminkalender. Wenn die TN wenig eigene Ideen haben, weisen Sie sie darauf hin, dass der Terminkalender fiktiv sein kann.
2. Die TN befragen sich gegenseitig nach dem Muster im Buch. Die Terminkalender dienen ihnen dabei als Erinnerungsstütze. Wenn es den TN hilft, können Sie den Terminkalender, die Kopiervorlage zu C5 (im Internet), kopieren. Die TN tragen ihre Termine für die nächsten beiden Tage dort ein.

5

D | Tageszeiten

Wortfeld „Tageszeiten"; Verbposition im Satz
Lernziel: Die TN können Angaben zur Tageszeit verstehen und machen. Sie können über ihren Tagesablauf berichten.

Materialien
D1 Bilder der Tageszeiten auf DIN A4 vergrößert;
Wortkarten der Tageszeiten; Folie der Aufgabe
D4 Kopiervorlage L5/D4

D1

Präsentation des Wortfelds „Tageszeiten"; Erweiterung des Wortfelds „Aktivitäten"

1. Verteilen Sie die vergrößerten Bilder des Kursbuchs, Seite 53 oben, und die Wortkarten in ungeordneter Reihenfolge an die TN. Diese versuchen zunächst, die richtige Entsprechung, wie z.B. aufgehende Sonne = am Morgen, zu finden, und stellen sich dann mit der passenden Partnerin oder dem passenden Partner auf. Wer kein Bild bzw. keine Karte erhalten hat, informiert sich im Buch darüber, was zusammengehört, und korrigiert die Paarbildung, wenn nötig.
2. Weisen Sie darauf hin, dass wie bei den Wochentagen auch bei den Tageszeiten die Präposition „am" benutzt wird (Ausnahme: „in der" Nacht).
3. Decken Sie die Mutter und Robert an der Folie auf und fragen Sie: „Was fragt die Mutter? Was antwortet Robert?" Die TN stellen Vermutungen an und hören dann das Gespräch ein erstes Mal, wenn nötig auch mehrmals.
4. Die TN sehen sich die Bilder im Buch an. Lösen Sie Beispiel A mit den TN gemeinsam. Die TN ordnen die restlichen Aktivitäten in Stillarbeit den Bildern zu.
5. Abschlusskontrolle mit Hilfe der Folie im Plenum.
   Lösung: B fernsehen; C Pizza essen; D Sofia anrufen; E ins Kino gehen; F spazieren gehen

D2

Anwendungsaufgabe zu den Tageszeiten und den Verben

1. Sehen Sie zusammen mit den TN Bild A in D1 noch einmal an. Fragen Sie: „Was macht Robert <u>am Morgen</u>?" Lesen Sie dann gemeinsam mit den TN den ersten Beispielsatz.
2. Die TN lesen die weiteren Beispiele still und ergänzen sie in Partnerarbeit mit Hilfe der Lösungen aus D1. TN, die schneller fertig sind, überlegen sich anschließend, wie der Tagesablauf der Mutter aussehen könnte. Diesen schreiben sie nach demselben Muster auf.
3. Abschlusskontrolle im Plenum. Die schnelleren TN stellen zusätzlich den Tagesablauf der Mutter vor.

Arbeitsbuch 16: als Hausaufgabe

D3

Erweiterung: Die Verbposition im Satz

1. Fragen Sie noch einmal: „Was macht Robert am Morgen?" Die TN antworten wahrscheinlich wie in D2. Notieren Sie die Antwort an der Tafel und schreiben Sie die Variante mit Inversion direkt darunter. Es sollte deutlich werden, dass das Verb immer an Position 2 bleibt, die temporale Angabe aber mit dem Subjekt den Platz tauschen kann.

Was macht Robert am Morgen?   Robert | hört | am Morgen Musik.

Am Morgen | hört | Robert Musik.

2. Die TN notieren in Stillarbeit die übrigen Beispiele mit Inversion. Gehen Sie herum und helfen Sie bei Schwierigkeiten.
3. Abschlusskontrolle im Plenum. *Lösung:* B Am Vormittag sieht Robert fern. C Am Mittag isst Robert Pizza. D Am Nachmittag ruft Robert Sofia an. E Am Abend gehen Robert und Sofia ins Kino. F In der Nacht gehen Robert und Sofia spazieren.

Arbeitsbuch 17–19: im Kurs: Die TN verdeutlichen sich mithilfe des visuellen Schemas die Optionen für die Satzstellung.

LERN
TAGEBUCH

Arbeitsbuch 20: Die TN sammeln alle trennbaren Verben und Verben mit Vokalwechsel, die sie kennen, notieren jeweils den Infinitiv, die Formen für die 1., 2. und 3. Person Singular sowie einen Beispielsatz. Die TN werden hier angeleitet, sich Verben mit Sonderformen extra zu notieren. Da Wörter im Kontext leichter zu behalten sind, sollten sie sich angewöhnen, neue Wörter und Konjugationsformen immer mit einem Beispielsatz aufzuschreiben.

PHONETIK

Arbeitsbuch 21–23: Die korrekte Aussprache der Umlaute ä, ö, ü müssen Sie mit den TN nur üben, wenn es diese Laute in ihrer Sprache nicht gibt. Der Laut „ä", der wie ein offenes „e" gesprochen wird, macht erfahrungsgemäß keine Schwierigkeiten. Für „ö" sollten die TN „eeeeee" sagen und dabei allmählich die Lippen rund machen, bis „öööööööööö" daraus wird. Für „ü" sagen die TN zunächst „iiiiiiiiiiiiii" und runden allmählich die Lippen, bis „üüüüüüüüüüü" daraus wird. Wenn die TN gern pfeifen, können sie auch einen hohen Ton pfeifen, der immer mehr als „ü" gesprochen wird. Spielen Sie Übung 21 vor. Die TN hören und sprechen nach. Sie wissen bereits, dass die Vokale im Deutschen unterschiedlich lang gesprochen werden. Das gilt auch für die Umlaute. Die TN hören Übung 21 noch einmal und markieren die Vokallänge. Bearbeiten Sie die Übungen 22 und 23 wie angegeben.

D4

Aktivität im Kurs: Über den eigenen Tagesablauf berichten

1. Klären Sie anhand eines Beispiels die Bedeutung von „jeden Tag", „jeden Morgen", „jeden Abend" usw. Sagen Sie: „Ich sehe am Montag, Dienstag, Mittwoch, ... fern. Also: Ich sehe jeden Tag fern." Verweisen Sie auch auf den Infospot.
2. Nicht so geübte TN erhalten die Kopiervorlage L5/D4 als Arbeitsblatt. Sie füllen die Lücken in Stillarbeit aus und befragen sich dann gegenseitig. Ihre Antworten dürfen sie ablesen. Lernerfahrene TN bekommen keine Vorlage. Sie lesen das Beispiel im Buch und führen dann analog mit ihrer Partnerin / ihrem Partner freie Gespräche. Helfen Sie bei Schwierigkeiten.

Öffnungszeiten

Uhrzeit (offiziell)
Lernziel: Die TN können Öffnungszeiten auf Schildern und in automatischen Telefonansagen verstehen.

E — 5

E1 Leseverstehen/Hörverstehen: Öffnungszeiten

1. Die TN sehen sich die Schilder an. Helfen Sie mit unbekannten Wörtern wie „Fahrradverleih" oder „Sprechstunde".
2. Erklären Sie, dass die TN Ansagen auf dem Anrufbeantworter hören werden und sie genau auf die Öffnungszeiten achten sollen. Bitten Sie sie, die Schilder mit den Öffnungszeiten noch einmal genau zu lesen.
3. Die TN hören die Ansagen so oft wie nötig und kreuzen ihre Lösungen an.
4. Abschlusskontrolle im Plenum. *Lösung:* Falsch sind die Ansagen 2 (zu Schild D) und 4 (zu Schild A).

E2 Hörverstehen: Systematisierung der offiziellen Uhrzeit

1. Die TN sehen das Schild der Touristeninformation an. Fragen Sie: „Wann ist die Touristeninformation geöffnet?"
2. Die TN hören den Text so oft wie nötig und ergänzen die Öffnungszeiten.
   Lösung: Mo-Fr: 9.00–12.30 Uhr, 14.00–16.30 Uhr; Sa: 8.00–12.00 Uhr
3. Verweisen Sie auf den Infospot und machen Sie deutlich, dass innerhalb der Familie, unter Freunden usw. die inoffizielle Uhrzeit verwendet wird, im Fernsehen oder Radio, am Flughafen oder Bahnhof, aber auch bei Ämtern, Büros und z.B. bei Ärzten auf dem Anrufbeantworter dagegen die offizielle Uhrzeit.

E3 Anwendungsaufgabe zur offiziellen und inoffiziellen Uhrzeit

1. Legen Sie die Aufgabe als Folie auf. Lesen Sie mit den TN das Beispiel und ziehen Sie die Verbindung auf der Folie nach.
2. Ein TN verbindet auf der Folie die Uhrzeiten des nächsten Beispiels und gibt den Stift an einen anderen TN weiter.
   Lösung: b) zwanzig Uhr fünfzig - 20:50 – zehn vor neun; c) achtzehn Uhr dreißig – 18:30 – halb sieben; d) zweiundzwanzig Uhr vierzig · 22:40   zwanzig vor elf; e) dreiundzwanzig Uhr fünfzehn – 23:15 – Viertel nach elf; f) zehn Uhr fünfunddreißig – 10:35 – fünf nach halb elf
3. *fakultativ:* Schreiben Sie analog weitere Uhrzeiten auf ein DIN-A3-Papier und zerschneiden Sie es so, dass die inoffiziellen und die offiziellen Uhrzeiten sowie die Digitalanzeigen jeweils auf einem getrennten Papierstreifen stehen. Jede Kleingruppe von 3–4 TN erhält einen Kärtchensatz und soll den Uhrzeiten in Ziffern wie in der vorangegangenen Aufgabe beide Sprechweisen zuordnen.
4. Geben Sie schnellen TN zusätzlich einige weitere digitale Uhrzeiten auf Kärtchen sowie leere Papierstreifen. Sie sollen die entsprechenden offiziellen bzw. inoffiziellen Sprechweisen notieren und diese den Digitalanzeigen zuordnen. Abschlusskontrolle im Plenum. Die schnellen TN präsentieren ihre zusätzlichen Kärtchenkombinationen.

> TIPP   Spielen Sie doch einmal mit Ihren TN Domino: Die TN finden sich in Kleingruppen à drei Personen zusammen. Jede Gruppe erhält einen Satz Domino-Karten (Kopiervorlage L5/E3). Ggf. können Sie das Spiel im Plenum kurz zeigen. In der Regel ist Domino aber international bekannt. Sie können das Spiel für viele weitere grammatische Phänomene variieren (z.B. Lektion 7: Infinitive und Partizip Perfekt).

Arbeitsbuch 24: in Stillarbeit oder als Hausaufgabe

PRÜFUNG   **Arbeitsbuch 25:** Die TN hören wie im Prüfungsteil Hören, Teil 1, der Prüfung *Start Deutsch 1* mehrere kurze Gespräche zwischen zwei Personen. Zu jedem Gespräch lesen sie am besten vor dem ersten Hören die Frage. Nach dem ersten Hören lesen die TN die drei möglichen Antworten und entscheiden sich für eine davon. Während des zweiten Hörens kontrollieren und korrigieren sie ggf. ihre Lösungen. Diese Vorgehensweise empfiehlt sich auch für die reale Prüfungssituation.

PHONETIK   **Arbeitsbuch 26:** im Kurs: Erinnern Sie die TN ein weiteres Mal an die unterschiedliche Länge der Vokale. Spielen Sie Übung a) vor, die TN hören und markieren die Vokallänge. In Übung b) sortieren sie die Wörter nach Vokallänge. Dann betrachten sie die Schreibweise der Wörter und versuchen, die Tabelle in Übung c) selbstständig zu ergänzen. Abschlusskontrolle im Plenum. Spielen Sie Übung d) so oft wie nötig vor, die TN ergänzen die Lücken.
Hinweis: Übung 26 eignet sich auch gut als Hausaufgabe.

Einen Test zu Lektion 5 finden Sie auf Seite 124 f. Weisen Sie die TN auf die interaktiven Übungen auf ihrer Arbeitsbuch-CD hin. Die TN können mit diesen Übungen den Stoff der Lektion selbstständig wiederholen und sich ggf. auch auf den Test vorbereiten.

1

Lese-/Hörverstehen: Informationen in Texten suchen und verstehen

1. Die TN lesen die Überschrift zu diesem Zwischenspiel und sehen sich die Fotos sowie die Überschriften zu den Fotos und den Kurztexten an. Sie spekulieren in ihrer Sprache über das Thema dieser Seite und darüber, was sie wohl in den Texten erfahren werden. Bewerten Sie die Vorschläge der TN nicht, es geht um freies Assoziieren!

2. *fakultativ:* Lassen Sie TN, die schon einmal in Berlin waren, von den Sehenswürdigkeiten und Erlebnissen dort berichten. Vielleicht hat ja schon jemand die Reichstagskuppel besichtigt oder im KaDeWe eingekauft.

3. Die TN lesen Aufgabe 1.

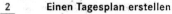

4. Teilen Sie den Kurs in zwei Gruppen: eine Hör- und eine Lesegruppe. Lassen Sie die TN dabei selbst entscheiden, welcher Gruppe sie angehören möchten. Die Lesegruppe liest die Kurztexte auf Seite 56/57 und notiert die Öffnungszeiten. Gehen Sie herum und helfen Sie bei Wortschatzfragen. Die Hörgruppe zieht sich nach Möglichkeit in einen leeren Kursraum oder eine Ecke des Zimmers zurück und hört Track 18 und 19. Dazu erhält die Hörgruppe die Kopiervorlage „Zwischenspiel zu Lektion 5" und löst Übung 1. Sie notiert, wann Anne ihren Freund Rolf treffen wird und in welcher Zeit man im KaDeWe Fisch essen kann. *Lösung:* a) Anne ist nur einen Nachmittag und einen Abend in Berlin. b) Rolf möchte Anne gerne sehen, aber er hat nicht viel Zeit. c) Rolf hat nur am Abend Zeit. d) Anne und Rolf gehen essen. Hörtext 2: Es gibt in dieser Woche jeden Tag von 14–20 Uhr frischen Fisch im KaDeWe.

2

Einen Tagesplan erstellen

1. Bilden Sie neue Gruppen: In jeder Gruppe sollten TN aus der Hör- und TN aus der Lesegruppe gemischt sein. Die TN berichten sich zunächst, was sie gehört bzw. gelesen haben.

2. Verteilen Sie jetzt an alle TN die Kopiervorlage „Zwischenspiel zu Lektion 5". Die TN erstellen mithilfe von Übung 2 der Kopiervorlage einen Plan für Anne und überlegen, welche Aktivitäten für sie überhaupt realistisch sind, nachdem sie ja erst um 10:30 Uhr in Berlin angekommen ist und sich um 18 Uhr mit Rolf trifft. *Lösung:* a) täglich von 14-20 Uhr; b) nicht geöffnet; c) vom 1. Mai bis 3. Oktober die Tour von 12:45-14:45 Uhr oder von 15:00-17:00 Uhr. d) täglich von 11-17 Uhr; e) einzige mögliche Vorstellung für Anne: um 15:30 Uhr (bis schätzungsweise 17:30 Uhr)
   Im Anschluss können die TN Übung 2 im Kursbuch lösen.

3. Die Gruppen stellen im Plenum ihren Plan für Anne vor und vergleichen miteinander. *Lösung:* 11:00 Uhr Brückemuseum; 12:45 Uhr Schifffahrt; 14:45 Uhr Fisch essen; 15:30 Uhr Imax-Kino; 18:00 Uhr Rolf

4. In Partnerarbeit überlegen die TN, wie ein Tagesplan für einen Berlin-Besuch für sie selbst aussehen könnte (siehe Kopiervorlage „Zwischenspiel zu Lektion 5", Übung 3). Sie schreiben ihren Plan auf ein farbiges Plakat und hängen es im Kursraum auf.

5. *fakultativ:* Wenn Sie die Aufgabe für die TN erweitern möchten, lassen Sie die TN doch einmal im Internet nach der Berliner Buslinie 100 fahnden. Sie ist eine inzwischen recht bekannte und bei Touristen beliebte Linienbuslinie, die an den vielen Sehenswürdigkeiten Berlins vorbeiführt. Ideal für eine Stadtrundfahrt mit beliebigen Stopps! Die TN suchen im Internet nach den Sehenswürdigkeiten, bei denen die Linie 100 hält, stellen Fotos und Informationen – ggf. in ihrer Sprache – zu diesen Sehenswürdigkeiten zusammen und planen ihre individuelle Route. Im Kurs berichten sie dann über ihre Route, wo sie wann und warum aussteigen, was sie über die Sehenswürdigkeiten wissen und ggf. auch, was sie auslassen, weil es sie nicht so interessiert.

TIPP

Lassen Sie die TN so viel wie möglich selbst gestalten und kreieren, denn
- auch Ausschneiden, auf Plakate schreiben, Malen und Basteln sind eine Beschäftigung mit dem Lernstoff und eine Möglichkeit zur Vertiefung des Gelernten. Insbesondere in diesen kreativen Phasen können sich neu gelernte Strukturen und Wörter „setzen".
- zwischendurch etwas Kreatives zu tun hilft, die Konzentrationsfähigkeit zu steigern.
- der Zusammenhalt im Kurs und das Miteinander werden gefördert.

Weitere Materialien für noch mehr Abwechslung im Unterricht finden Sie unter www.hueber.de/schritte-international.

FREIZEIT

Folge 6: *Joggen*
Einstieg in das Thema: Hobbys und sportliche Aktivitäten

1 **Vor dem Hören: Kernaussagen verstehen**

1. Die TN sehen die Fotos an und lesen die Aufgabe. Zeichnen Sie an die Tafel:
Die TN lösen mithilfe des Tafelbildes die Aufgabe.
Variante: Wenn die TN als erste Fremdsprache Englisch gelernt haben,
können Sie auf die Zeichnung an der Tafel verzichten. Die Wörter „regnen",
„Sonne", „scheinen" erinnern an das Englische. Die TN sollten die Aufgabe
problemlos lösen können.
2. Abschlusskontrolle im Plenum.
Lösung: a) Foto 2: Gut. Die Sonne scheint. b) Foto 7–8: Nicht so gut. Es regnet.

 Verzichten Sie auf die Einführung des Wortfelds „Wetter". Die TN brauchen hier nur diese Wörter, um die Foto-Hörgeschichte
zu verstehen. Das Thema „Wetter" wird in den Lernschritten A und E vertieft.

2 **Vor dem Hören: Wichtige Informationen vorab verstehen**

1. Die TN lösen die Aufgabe ohne Ihre Hilfe in Stillarbeit. „Jogging" und „Park" sind Internationalismen, die den TN das Lösen
der Aufgabe leicht machen.
2. Abschlusskontrolle im Plenum. Lassen Sie sich auf den Fotos die Schuhe und den Jogginganzug zeigen, um sicherzustellen,
dass alle diese Wörter verstanden haben. *Lösung:* a) Fotos 4–5; b) Fotos 6–7
3. Fragen Sie die TN, worüber Timo und Anja wohl am Telefon sprechen und warum Timo einen Jogginganzug und Sportschuhe
kauft. Wer joggt gern: Anja, Timo oder beide? Notieren Sie die Fragen auch an der Tafel. Die TN äußern ihre Vermutungen.

3 **Beim ersten Hören**

1. Teilen Sie den Kurs in drei Gruppen. Jede Gruppe achtet beim Hören der Geschichte ganz besonders auf eine der drei
Fragen aus Aufgabe 2 und prüft, ob die Vermutungen, die die TN genannt hatten, richtig waren.
2. Geben Sie den TN Gelegenheit, ihre Ergebnisse zu nennen. Kommentieren Sie diese aber nicht. Die TN überprüfen sich
selbst mit Hilfe von Aufgabe 4 und Aufgabe 5.

4 **Nach dem ersten Hören: Den wesentlichen Inhalt verstehen**

1. Die TN lesen die Aufgabenstellung und die Aussagen. Sie hören die Geschichte noch einmal so oft wie nötig und kreuzen
ihre Lösungen an.
Variante: Besonders schnelle TN kreuzen ihre Lösungen schon beim Lesen der Aussagen an und überprüfen diese beim
zweiten Hören.
2. Abschlusskontrolle im Plenum. *Lösung:* a) richtig; b) falsch; c) falsch; d) richtig; e) richtig; f) falsch

5 **Nach dem Hören: Vermutungen prüfen**

Sprechen Sie mit den TN noch einmal über die Frage „Wer joggt gern? Anja, Timo oder beide?" und haken Sie nach, warum
Timo einen Jogginganzug und Sportschuhe gekauft hat. Die TN sollten verstanden haben, dass Timo eigentlich kein so großer
Sportler ist, aber Anja gern beeindrucken möchte und sich deshalb professionell ausrüstet. Als Anja das Preisschild sieht
(Foto 8), weiß sie, dass Timo nicht ganz die Wahrheit gesagt hat.

6 **Nach dem Hören: Über sportliche Aktivitäten sprechen**

1. Fragen Sie einzelne TN, ob sie auch joggen und wenn ja, wie oft. Bitten Sie
die TN, ihre Antwort auf Deutsch zu versuchen. Das sollte mit dem jetzigen
Kenntnisstand gelingen. Schreiben Sie ggf. als Hilfestellung ein paar
Redemittel, die den TN bekannt sein sollten, an die Tafel:
2. *fakultativ:* Zeigen Sie den TN doch einmal, wie sie Texte ganz einfach mit
ihren Fremdsprachenkenntnissen und aus dem Kontext heraus verstehen
können – auch ohne Wörterbuch. Verteilen Sie Kopiervorlage L6/6 an die
TN und schreiben Sie die Übungsanweisung von Übung 1 in Ihrer Sprache
an die Tafel. Die TN lesen die Texte und markieren Wörter, die zum
Verständnis beitragen. Gehen Sie herum und achten Sie darauf, dass die
TN sich auf wichtige Informationen beschränken und nicht jedes schon aus
den vorhergegangenen Lektionen bekannte Wort mit unterstreichen. Die
TN überprüfen das globale Textverständnis anhand von Übung 2. Zeigen

Ja, ich jogge auch.
Ich jogge (sehr) gern.
*(Ich jogge) jeden Tag / jede Woche
einmal / immer am Wochenende /
am Abend.*
Nein, ich jogge nicht (so gern).
Joggen gefällt mir nicht.
Das ist langweilig.

Sie den TN abschließend mit Übung 3, wie sie mit ihren Sprachkenntnissen sogar Worterklärungen auf Deutsch verstehen
können. Wenn die TN am Thema interessiert sind, fragen Sie auch, für welche weiteren Sportarten sich im Deutschen
international bzw. englische Begriffe durchgesetzt haben. Die TN äußern Vermutungen (z.B. Bungee-Jumping, Inlineskating ...).
Lösung: 1 individuell; 2 richtig: a), c); 3 individuell

6 A

Das Wetter ist doch schön.
Die Sonne scheint.

Wortfelder „Wetter und Klima", „Himmelsrichtungen"
Lernziel: Die TN können nach dem Wetter fragen und darüber sprechen.

Materialien
A2 auf Folie; Kärtchen mit Bildern und
Wetterangaben; leere Kärtchen
A3 Wetterkarte vergrößert auf Folie

A1 **Präsentation des Wortfelds „Wetter"**

1. Erinnern Sie die TN an die Foto-Hörgeschichte und fragen Sie die TN, wie das Wetter am Anfang und am Ende war.
2. Die TN lesen die Zitate aus der Geschichte und ordnen sie Timo oder Anja zu.
3. Abschlusskontrolle im Plenum. *Lösung:* Timo: Ja, aber heute Nachmittag regnet es vielleicht. Anja: Es ist super Joggingwetter!; Das Wetter ist schön. Die Sonne scheint.
4. Weisen Sie die TN auf den Infospot hin. Fragen Sie nach dem aktuellen Wetter an Ihrem Kursort: „Wie ist das Wetter heute?"

A2 **Erweiterung des Wortfelds „Wetter"**

1. Zeigen Sie auf der Folie auf Bild B und fragen Sie: „Wie ist das Wetter?" Verweisen Sie auf die passende Information „Es sind 25 Grad. Es ist warm.", um die Aufgabenstellung deutlich zu machen.
2. Teilen Sie die TN je nach Kenntnisstand in Gruppen von jeweils drei TN ein. Ungeübte TN erhalten pro Gruppe einen Kärtchensatz mit den Bildern und Wetterangaben aus dem Buch und ordnen sie zu. Diese Arbeitsform kommt vor allem haptischen Lernertypen entgegen. Gehen Sie herum und helfen Sie bei Schwierigkeiten. TN mit Vorkenntnissen und schnelle TN bearbeiten die Aufgabe im Buch in der Gruppe. Anschließend überlegen sie sich, welche weiteren Wetterangaben man machen kann (Es donnert, blitzt etc.), notieren diese ggf. mithilfe des Wörterbuchs auf den bereitgelegten leeren Kärtchen und malen zu jeder Wetterinformation ein entsprechendes Bild. Abschlusskontrolle im Plenum. Die zweite Gruppe präsentiert außerdem ihre Wetterkärtchen im Plenum und bringt sie im Kursraum an, sodass auch die übrigen TN die neuen Redemittel notieren können.
   Lösung: A Es schneit; C Es ist windig; D Es regnet; E Die Sonne scheint; F Es sind nur 7 Grad. Es ist kalt.

A3 **Anwendungsaufgabe: „Wie ist das Wetter?"; Erweiterung: Die Himmelsrichtungen**

1. Die TN sehen sich die Wetterkarte an. Fragen Sie: „Welche Länder sehen Sie auf der Karte?" Notieren Sie die Länder ggf. an der Tafel. Auf diese Weise werden bekannte Ländernamen aus Lektion 1 und Lektion 2 wiederholt und die Aufgabe wird vorentlastet.
2. Lesen Sie zusammen mit einem TN das Gespräch und deuten Sie dabei auf die Wettersymbole auf der Wetterkarte (Folie). Klären Sie das unbekannte Wort „bewölkt" durch Hinweise auf die Wettersymbole.
3. Verweisen Sie auch auf den Infospot und machen Sie die TN darauf aufmerksam, dass man bei Himmelsrichtungen auf die Frage „Wo?" die Präposition „im" benutzt.
4. *fakultativ:* Fragen Sie exemplarisch nach dem Wetter in ein paar anderen Ländern und/oder lassen Sie einige TN im Plenum fragen und antworten.
5. Die TN üben in Partnerarbeit weiter. Gehen Sie herum und helfen Sie bei Schwierigkeiten.

Arbeitsbuch 1–2: in Stillarbeit

A4 **Anwendungsaufgabe zum Wortfeld „Wetter und Klima"**

1. Zeigen Sie auf die Bäume im Buch und schreiben Sie die Jahreszeiten an die Tafel. Fragen Sie die TN: „Wie viel Grad sind es hier im Frühling? Im Sommer? Im Herbst? Im Winter?" Die TN nennen die ungefähren Temperaturen für ihr Heimatland. Fragen Sie weiter: „Wie viel Grad sind es in Deutschland im Frühling? ..." Die TN äußern ihre Vermutungen. Achten Sie darauf, dass die TN Deutsch sprechen!
2. Geben Sie den TN Zeit, die Statistik zu betrachten, und erklären Sie das Wort „Urlaub".
3. Zwei TN lesen den Beispieldialog vor und ergänzen ihn mit den passenden Angaben.
4. Die TN üben in Partnerarbeit weiter.

Arbeitsbuch 3: als Hausaufgabe; **4:** im Kurs: Die TN erstellen sich eine Übersicht der bekannten lokalen und temporalen Präpositionen; **5–8:** als Hausaufgabe

A5 **Aktivität im Kurs: Über Urlaub sprechen**

1. Die TN lesen die Beispiele. Ergänzen Sie diese um einige weitere Redemittel an der Tafel, um den TN Anregungen und Hilfestellung zu geben:

> *Ich fahre gern nach (in) ...*
> *Ich mache gern im Winter Urlaub.*
> *Hier ist es im Winter zu kalt. Ich fahre ...*

2. Die TN berichten über ihre Lieblingsreiseziele.
   Es geht hier nicht um detaillierte Urlaubserzählungen. Bleiben Sie mit den TN eng am Thema, sonst entsteht Frustration, weil die TN eine solche Aufgabe auf Deutsch noch nicht bewältigen können.

Sie haben ja **einen** Jogginganzug, oder?

Der Akkusativ
Lernziel: Die TN können einfache Gespräche beim Einkauf und im Restaurant führen.

B   **6**

B1   Präsentation des Akkusativs

1. Die TN schlagen noch einmal die Foto-Hörgeschichte (Seite 58–59) auf und sehen sich Foto 5 an. Sie hören Track 29. Fragen Sie: „Hat Timo einen Jogginganzug?" Es genügt, wenn die TN mit „Nein" antworten, da sie den Akkusativ ja noch nicht aktiv anwenden können.
2. Die TN schlagen Seite 61 auf und ordnen das Gespräch zwischen Timo und dem Verkäufer.
3. Die TN hören noch einmal und überprüfen ihre Lösung.
4. Abschlusskontrolle im Plenum. Schreiben Sie dabei das Gespräch in der richtigen Reihenfolge auf einer Folie mit. *Lösung:* 2 Einen Jogginganzug? Nein. 3 Was? Sie haben keinen Jogginganzug? Sie möchten doch richtig joggen, oder? 4 Ja, aber ... 5 Hier, gucken Sie mal: Den Anzug haben wir zurzeit im Sonderangebot.
5. Schreiben Sie den Nominativartikel von „Jogginganzug" mit auf die Folie und markieren Sie alle Akkusativformen farbig. Markieren Sie das Subjekt in einer anderen Farbe. Fragen Sie die TN nach dem Unterschied zwischen Subjekt und Objekt und verdeutlichen Sie ihn an Beispielen aus Ihrer Sprache. Verwenden Sie die gleichen Farben, die Sie für das deutsche Gespräch verwendet haben. Erklären Sie, dass die maskulinen Nomen als Objekt ihre Form ändern, und weisen Sie explizit, z.B. auch mithilfe des Grammatikspots, darauf hin, dass die femininen und neutralen Nomen ihre Form behalten. *Hinweis:* Häufig haben TN kein ausgeprägtes Bewusstsein für die eigene Muttersprache und nehmen an, dass das Deutsche mit dem Akkusativ eine besondere „Gemeinheit" erfunden hat. Es ist daher wichtig, dass die TN sich zunächst darüber im Klaren sind, dass auch ihre Sprache die Unterscheidung zwischen einem Subjekt und einem Objekt kennt, auch wenn dieser vielleicht formal nicht gekennzeichnet wird.

TIPP   Führen Sie feste Farben oder Unterstreichungen (geringelte Linie, doppelt unterstrichen ...) für bestimmte Kategorien wie Subjekt, Akkusativ-Objekt, temporale und lokale Angaben ein. Diese sollten Sie bei Tafelschaubildern immer wieder einsetzen und auch die TN daran gewöhnen, sie für ihre Notizen zur Grammatik zu verwenden. Insbesondere wenn in der Muttersprache Ihrer TN keine formalen Unterschiede zwischen Subjekt und Objekten gemacht werden, kann es für die TN hilfreich sein, wenn sie sich durch (farbige) Markierungen die Funktion der Satzglieder immer wieder bewusst machen. Dies gilt z.B. auch für die besondere Verbstellung des Deutschen.

B2   Variation: Anwendungsaufgabe zum Akkusativ (definiter Artikel)

1. Gehen Sie vor wie auf Seite 14 beschrieben.
2. *fakultativ:* Die TN spielen zur weiteren Übung des Akkusativs Quartett (Kopiervorlage L6/B2). Notieren Sie vorab die für das Spiel notwendigen Fragen und Antworten an der Tafel:

> *Hast du den/das/die ...?*   *Ja, hier bitte.*
> *Nein, tut mir leid. Ich habe den/das/die ... nicht.*

Machen Sie ein Beispiel mit einem TN, indem Sie beispielsweise fragen: „Hast du den Apfel?" Der TN antwortet und gibt Ihnen ggf. seine Karte. Die TN spielen zu viert und fragen die Mitspieler nach den fehlenden Karten für ihr Quartett.

B3   Anwendungsaufgabe zum Akkusativ (indefiniter Artikel)

1. Die TN betrachten die Zeichnung. Lassen Sie sie in ihrer Sprache darüber spekulieren, wo das ist, was die Personen dort machen und worüber sie wohl sprechen.
2. Die TN sehen sich die Speisekarte an. Klären Sie, wenn nötig, unbekannte Wörter und fragen Sie nach dem Artikel der Wörter.
3. Zwei TN lesen das Gespräch vor. Machen Sie die TN auf den Grammatikspot aufmerksam. Die TN haben schon mehrere Verben mit Vokalwechsel kennengelernt. Weisen Sie darauf hin, dass „nehmen" auch dazugehört.
4. Die TN erfinden in Partnerarbeit eigene Gespräche. Damit das Ganze für die TN authentischer wird, können Sie Schals, Mützen und selbst gebastelte Speisekarten mitbringen. Verteilen Sie diese an TN, die Lust haben, ihr Gespräch im Plenum vorzuspielen. Sie setzen sich vor dem Kurs an einen Tisch und spielen ihr Gespräch auf der Berghütte.
5. *fakultativ:* Wenn Sie den Akkusativ des indefiniten Artikels noch weiter mit den TN üben möchten, verteilen Sie die Kopiervorlage L6/B3. Die TN bearbeiten die Übung in Stillarbeit. *Lösung:* a) ... keinen Wein. Sie trinkt auch kein Wasser. Sie möchte Apfelsaft. b) Er isst ein Brötchen mit Käse und einen Kuchen. Er isst auch eine Banane, eine Orange und einen Apfel. c) Er hat ein Bett und einen Tisch, aber er hat keinen Schrank und auch kein Sofa. d) Die Wohnung hat ein Schlafzimmer, eine Küche und ein Wohnzimmer, aber sie hat kein Kinderzimmer und kein Bad. Sie hat aber eine Toilette. e) Er hat einen Herd, einen Kühlschrank und auch einen Fernseher. Aber er hat keine Waschmaschine.

6   **B**   Sie haben ja **einen** Jogginganzug,
oder?

Der Akkusativ
Lernziel: Die TN können einfache Gespräche beim Einkauf und im Restaurant führen.

Arbeitsbuch 9: als Hausaufgabe: Mit dieser Übung können die TN zu Hause noch einmal nachprüfen, ob sie den Unterschied zwischen Nominativ (Subjekt) und Akkusativ (Objekt) verstanden haben. Vielleicht möchten Sie ja für die zukünftigen Markierungen von Subjekt und Objekt (vgl. Tipp zu B1) die Markierungen aus dem *Schritte international*-Arbeitsbuch übernehmen? **11:** als Hausaufgabe

PHONETIK   **Arbeitsbuch 10:** Üben Sie mit den TN den Satzakzent. Die TN hören Übung a) und sprechen die Mini-Gespräche in Partnerarbeit. Lassen Sie ein paar TN auch exemplarisch im Plenum nachsprechen. Die TN sprechen mit Hilfe der angegebenen Wörter weitere Gespräche in Partnerarbeit. Wenn die TN mit dem Erkennen des Satzakzents und des Wortakzents noch Schwierigkeiten haben, sollten Sie sie die Mini-Gespräche zuerst schreiben und die Akzente markieren lassen, bevor die TN sie auch sprechen. Regen Sie die TN dazu an, die Übungen auch zu Hause noch einmal zu machen.

B4   **Aktivität im Kurs: Spiel**

1. Das Spiel „Kofferpacken" ist in Deutschland ein bekanntes und beliebtes Kinderspiel. Wenn die TN es auch kennen, werden sie damit kein Problem haben. Ansonsten erklären Sie das Prinzip anhand der Beispiele im Buch.
2. Bilden Sie mit den TN einen Kreis, sodass alle sich sehen können. Beginnen Sie das Spiel und sagen Sie, was Sie nach Berlin mitnehmen. Der TN links von Ihnen macht weiter und dann immer so weiter, bis die Reihe wieder an Sie kommt. Beenden Sie das Spiel, indem Sie noch einmal wiederholen, was die TN alles in den Koffer gepackt haben.

Arbeitsbuch 12–13: als Hausaufgabe; **14:** im Kurs

Habe ich das Geld wirklich **nicht** dabei? **Doch**, da ist es ja.

Ja-/Nein-Frage: *ja, nein, doch*
Lernziel: Die TN können zustimmen, widersprechen und verneinen.

C  6

C1 **Variation: Präsentation der Antwort mit** *doch*

1. Die TN sehen die Fotos an und lesen die Gespräche. Bitten Sie sie, die Wörter „Nein", „nicht" und „Doch" zu unterstreichen.
2. Gehen Sie weiter vor wie auf Seite 14 beschrieben.
3. Schreiben Sie die Beispiele aus dem Grammatikspot an die Tafel und machen Sie deutlich, dass man auf negative Fragen, denen man widersprechen möchte, mit „doch" antwortet und nicht mit „ja". Wenn es dieses Prinzip in Ihrer Sprache und der Sprache der TN auch gibt (z.B. Französisch), werden die TN damit keine Schwierigkeiten haben.

C2 **Anwendungsaufgabe zu negativen Fragen**

1. Sammeln Sie mit den TN an der Tafel, was sie normalerweise für den Deutschunterricht brauchen und was sie darüber hinaus noch meistens dabei haben.
2. Die TN lesen das Beispiel im Buch. Sie gehen im Kursraum umher und befragen verschiedene Partner nach den Begriffen an der Tafel. Spielen Sie selbst auch mit, so können Sie diskret kontrollieren, ob die TN auch ausschließlich negative Fragen formulieren, und Fehler korrigieren.

C3 **Erweiterung: Negative Fragen mit dem Negativartikel** *kein*

1. Die TN haben bisher negative Fragen mit „nicht" gestellt. Das Prinzip gilt natürlich auch für den Negativartikel *kein*. Spielen Sie Gespräch a) vor. Die TN ergänzen die Lücken.
2. Abschlusskontrolle im Plenum. *Lösung:* a) einen, keinen, einen
3. Die TN ergänzen die Gespräche b) und c).
4. Spielen Sie die CD / Kassette vor. Die TN kontrollieren sich selbstständig.
   Lösung: b) eine, Ja, eine, keine, Doch, eine; c) Ja, ein, kein, Doch, ein
5. Die TN kennen das Verb „möchten" schon aus Lektion 3. Weisen Sie auf den Grammatikspot hin und machen Sie die TN auf die besonderen Formen in der Konjugation aufmerksam.

Arbeitsbuch 15–20: als Hausaufgabe

C4 **Aktivität im Kurs: Partnerspiel**

1. Die TN schreiben fünf Interviewfragen auf einen Zettel. Gehen Sie herum und achten Sie darauf, dass die TN keine W-Fragen notieren.
2. Die TN lesen die Beispiele im Buch. Lassen Sie die TN diese auch vorlesen und achten Sie darauf, dass besonders die Rückfragen und die zweite Antwort betont werden.
3. Die TN stellen der Partnerin / dem Partner ihre Interviewfragen und tun dabei so, als ob sie nicht alles verstehen würden. Wer Lust hat, kann sein Interview auch im Plenum vortragen.

6 **D** Freizeit und Hobbys

Wortfeld „Hobbys und Freizeitaktivitäten"
Lernziel: Die TN können über Freizeitaktivitäten sprechen. Sie können einfache (Kontakt)Anzeigen verstehen und Angaben zu ihrer Person machen.

Materialien
D1 Kopiervorlage L6/D1
D4 Kopiervorlage zu D4 (im Internet)

D1 Präsentation des Wortfelds „Freizeitaktivitäten und Hobbys"

1. Die Bücher bleiben geschlossen. Schreiben Sie die Verben aus D1 an die Tafel. Fragen Sie die TN, welche Verben sie verstehen bzw. welche Verben sie an das Englische erinnern (z.B. schwimmen, tanzen). Manche Verben wurden ggf. schon im Rahmen der Foto-Hörgeschichte (Aufgabe 6) besprochen.
2. Die TN öffnen ihr Buch und ordnen die Verben dem jeweils passenden Bild zu. Gehen Sie herum und helfen Sie bei Bedarf.
3. Abschlusskontrolle im Plenum.
   Lösung: C tanzen; D schwimmen; E Fahrrad fahren; F Freunde treffen; G grillen; H Briefe schreiben
4. Erweitern Sie das Wortfeld mit den TN nach Bedarf. Sie können dazu die Kopiervorlage L6/D1 einsetzen oder die TN Aktivitäten in ihrer Sprache nennen lassen. Schreiben Sie die deutschen Entsprechungen an die Tafel.

D2 Anwendungsaufgabe: Über Hobbys sprechen

1. Die TN lesen in Partnerarbeit den Beispieldialog. Verweisen Sie auf die besonderen Formen von „lesen", „treffen", „fahren" und „schlafen". Andere Verben mit Vokalwechsel sind den TN bereits bekannt.
2. Fragen Sie einige TN exemplarisch nach ihren Hobbys. Die TN antworten mithilfe der Redemittel im Buch.

D3 Leseverstehen: Informationen zu Freizeitaktivitäten

1. Bitten Sie die TN, in Gruppen jeweils einen Text zu lesen: Eher ungeübte TN lesen den Text von Manuel, bereits geübte TN den von Christian und die schnellsten TN den von Evi. Alle TN markieren wesentliche Informationen zu den Personen in ihrem Text. Es sollte klar werden, dass es sich um Anzeigentexte handelt und die Personen Brieffreunde suchen.
2. Die TN notieren die Informationen schriftlich.
3. Ein TN liest die Anzeige von Manuel vor und gibt die Informationen aus dem Text mündlich wieder. Mit den beiden anderen Anzeigen verfahren Sie ebenso.

TIPP
> Zum Abschluss des Themas Hobby und Freizeit können Sie mit Ihren TN Pantomime spielen. Die TN schreiben auf ein Stück Papier ein Verb und zeichnen dazu eine kleine Skizze mit der Vorgabe, beides niemandem zu zeigen. Machen Sie selbst ein Beispiel, indem Sie ein Telefonat pantomimisch vorspielen. Die TN raten, um welche Aktivität es sich handelt. Zur Kontrolle zeigen Sie Ihre Bildkarte „anrufen". Teilen Sie den Kurs in zwei Gruppen. Die TN aus beiden Gruppen spielen nun nacheinander ihre Bildkarten vor. Errät die eigene Gruppe das Verb, erhält sie einen Punkt. Errät niemand in der eigenen Gruppe die korrekte Bedeutung, darf die andere Gruppe raten. Für die richtige Lösung bekommt sie einen halben Punkt. Verrät sich der Spieler, indem er das Verb ausplaudert oder seine Karte zeigt, wird der Gruppe ein Punkt abgezogen. Die Gruppe mit den meisten Punkten gewinnt und erhält einen kleinen Preis. Notieren Sie den Punktestand an der Tafel mit! Das erhöht die Spannung und vermeidet Unstimmigkeiten am Ende.

Arbeitsbuch 21: als Hausaufgabe

PHONETIK Arbeitsbuch 22: In unbetonten Silben ist das kurze „e" im Deutschen normalerweise stumm. Führen Sie das den TN mit dieser Übung vor Augen: Die TN hören und sprechen nach.

D4 Aktivität im Kurs: Eine Kontaktanzeige schreiben

1. Zerschneiden Sie die Kopiervorlage zu D4 (im Internet) so, dass schwächere TN die Vorlage für einen Steckbrief erhalten, geübte TN die Vorlage für einen Zeitungsartikel und sehr schnelle TN die Vorlage für einen Brief. Die TN schreiben in Stillarbeit eine Anzeige für sich.
2. Einige TN präsentieren ihren Anzeigentext im Plenum. Korrigieren Sie während der Präsentation nach Möglichkeit nicht. Hier geht es vor allem um die Verwendung der neuen Redemittel. Zur Fehlerkorrektur können Sie die Texte einsammeln und am nächsten Kurstag zurückgeben.
   Variante: Die TN formulieren ohne Hilfe der Kopiervorlage einen Anzeigentext. Sie entscheiden selbst, ob sie einen Brief oder einen Steckbrief schreiben möchten.

Arbeitsbuch 23–24: als Hausaufgabe

LERN
TAGEBUCH
Arbeitsbuch 25: Hier lernen die TN, sich die unregelmäßigen Formen der starken Verben übersichtlich zu notieren. Weisen Sie hierbei insbesondere auf die Markierung des Vokalwechsels hin. Zur besseren Unterscheidung der drei Typen von Vokalwechsel (e > i; e > ie; a > ä) empfiehlt es sich, unterschiedliche Farben zur Hervorhebung zu benutzen. Das Verb „arbeiten" ist zwar ein schwaches Verb, braucht aber in der 2. und 3. Person Singular ein zusätzliches -e wegen des Auslauts auf -t. Dadurch weicht es von der regelmäßigen Konjugation etwas ab und ist deshalb hier aufgenommen. Zusätzlich sollten sich die TN einen Beispielsatz notieren.

Arbeitsbuch 26: in Stillarbeit

PRÜFUNG Arbeitsbuch 27: Die Übung entspricht den Anforderungen des Prüfungsteils Lesen, Teil 1, der Prüfung *Start Deutsch 1*: Die TN beantworten zu Mitteilungen oder Einladungen aus dem privaten oder beruflichen Alltagsleben Richtig-Falsch-Fragen. Bearbeiten Sie die Übung mit den TN im Kurs.

Materialien
E2 Texte einzeln vergrößert
Test zu Lektion 6
Wiederholung zu Lektion 5 und Lektion 6

Wetter

Lernziel: Die TN können den Wetterbericht im Radio, in Zeitungsmeldungen oder im Internet verstehen.

E   6

E1   **Hörverstehen: Wettermeldungen und Wettervorhersagen im Radio**

1. Die TN lesen die Fragen sowie die möglichen Antworten in Stillarbeit.
2. Die TN hören die Wettermeldungen (a und c) und die Wettervorhersage (b) aus dem Radio so oft wie nötig und kreuzen ihre Lösungen an.
3. Abschlusskontrolle im Plenum. *Lösung:* a) In München. b) Die Sonne scheint. c) 8 bis 12 Grad.

E2   **Leseverstehen 1: Wettermeldungen in der Zeitung oder im Internet**

1. Die TN finden sich in Kleingruppen zu 3–4 TN zusammen. Kopieren Sie die Texte einzeln auf DIN A4, sodass jede Gruppe nur einen Text vor sich hat. Die TN lesen den Text in der Gruppe gemeinsam und markieren alle Wörter, die sie kennen.
2. Stellen Sie zu den Texten Fragen: „Wie ist das Wetter heute?", „Wie ist das Wetter am Freitag?" usw. Die TN sollten mithilfe der ihnen bekannten Wörter über das Wetter Auskunft geben können, auch wenn sie die Texte nicht bis ins Detail verstanden haben. Betonen Sie, dass es nicht darauf ankommt, jedes einzelne Wort zu verstehen, und verzichten Sie daher auch auf die Erklärung unbekannter Wörter.

E3   **Leseverstehen 2: Kernaussagen verstehen**

1. Lesen Sie gemeinsam mit den TN das erste Beispiel und fragen Sie: „Ist das richtig oder falsch?" Warten Sie die Antwort der TN ab und fragen Sie dann: „Warum ist das richtig?", „Wo steht das?" Die TN zeigen auf Text A bzw. lesen den Satz „Am Freitag ist es sonnig." vor.
2. Die TN lösen die übrigen Aufgaben in Stillarbeit.
3. Abschlusskontrolle im Plenum. Lassen Sie sich dabei die Passagen vorlesen, die zeigen, warum eine Aussage richtig bzw. falsch ist.
   Lösung: A falsch; B falsch, falsch; C richtig, richtig; D falsch, richtig

TIPP   Sie können die TN bitten, zu Hause deutsche Wetterberichte oder Wettervorhersagen aus dem Internet herauszusuchen und zu versuchen, diese ohne Wörterbuch zu verstehen. Die TN können ihre Texte in den Unterricht mitbringen und über das Wetter berichten. Es steigert die Motivation der TN, wenn sie feststellen, dass sie bereits authentische Texte verstehen können und dass es nicht immer notwendig ist, jede Einzelheit zu verstehen.

Einen Test zu Lektion 6 finden Sie auf Seite 126 f. Weisen Sie die TN auf die interaktiven Übungen auf ihrer Arbeitsbuch-CD hin. Die TN können mit diesen Übungen den Stoff der Lektion selbstständig wiederholen und sich ggf. auch auf den Test vorbereiten. Wenn Sie mit den TN den Stoff von Lektion 5 und Lektion 6 wiederholen möchten, verteilen Sie die Kopiervorlagen „Wiederholung zu Lektion 5 und 6" (Seite 110–112): Die TN stellen einen Würfel her und spielen in Kleingruppen das Brettspiel „Verbspirale".

Zwischenspiel 6 *Frei? Zeit? Stress!*
Jedes Wochenende das gleiche Problem!
Lesestrategien üben

Materialien
1 Plakat mit den Fotos der Doppelseite,
Kopiervorlage „Zwischenspiel zu Lektion 6"

1

Leseverstehen: Informationstexte über Freizeit lesen

1. Die Bücher bleiben zunächst geschlossen. Schreiben Sie den Titel dieses Zwischenspiels „Frei? Zeit? ..." an die Tafel oder auf eine Folie. Fragen Sie die TN, was sie bei einem Text mit diesem Titel erwarten. Die TN spekulieren.

2. Vergrößern und kopieren Sie die Fotos des Zwischenspiels vorab – wenn möglich, in Farbe – und kleben Sie sie gut sichtbar auf ein großes Plakat. Die TN überlegen, um welche Aktivitäten es hier geht. Sammeln Sie alle Ideen der TN zu den Fotos auf dem Plakat. Die TN ergänzen und erweitern so ihre Lese-Erwartung.

3. Verteilen Sie die Kopiervorlage „Zwischenspiel zu Lektion 6". Die TN lesen Aufgabe 1 und die Fragen a) bis d).

4. Die TN öffnen ihr Buch und lesen den Text „Freizeit-Terror". Erlauben Sie keine Wörterbücher.

5. *fakultativ:* Wenn die TN sich trotzdem unsicher fühlen, lassen Sie sie alle Wörter markieren, die sie normalerweise im Wörterbuch nachgeschlagen hätten. Fragen Sie nach dem Lesen, ob sie das Wort aus dem Kontext erschließen konnten oder ob es womöglich für das Verstehen des Inhalts gar nicht wichtig war. Würden die TN dieses Wort jetzt immer noch nachschlagen wollen? Wenn ja, helfen Sie jetzt mit der muttersprachlichen Entsprechung.

6. Die TN ordnen den Fragen a) bis d) die passenden Antworten zu. *Lösung:* b) Am Wochenende. c) Besonders junge Leute haben das Problem. d) „Morgen ist Montag. Das ist gut! Dann arbeite ich und habe keinen Freizeitstress."

7. Fragen Sie die TN, wer das Problem mit dem Freizeitstress auch kennt. Vermeiden Sie an dieser Stelle aber eine Diskussion des Themas (siehe Aufgabe 2), um die Konzentration auf das Lesen und Verstehen zu gewährleisten.

8. Die TN lesen den Text über Monika und Michael Müller. Erlauben Sie auch hier keine Wörterbücher. Die TN haben sich mit Hilfe der Überschrift der Seite, den Fotos und dem Text „Freizeit-Terror" so gut auf diesen Text vorbereitet, dass sie alle wichtigen Informationen verstehen können.

9. Die TN tragen in die Tabelle auf der Kopiervorlage ein, was wer wann macht. Die Aufgabe 2 b) bearbeiten die TN als Hausaufgabe. *Lösung:* 2 Monika und Michael, Sonntagnachmittag; 3 Monika, Samstag(vormittag); 4 Monika und Michael, Sonntagabend; 5 Monika und Michael, Samstagmorgen; 6 Monika, jeden zweiten Samstag; 7 Michael, am Wochenende; 8 Monika und Michael, am Wochenende; 9 Michael, Samstag; 10 Monika, am Wochenende

TIPP

Das Problem beim Lesen in der Fremdsprache ist die Angst vor dem Unbekannten. Die TN meinen, alles genau lesen und jedes Wort verstehen zu müssen, und vergessen dabei ganz, dass sie auch in der Muttersprache nicht immer alles lesen, einzelne Wörter gar nicht verstehen und trotzdem alles Wichtige aus dem Text ziehen.

Üben Sie mit den TN bei zukünftigen Leseaufgaben gezielt das flexible Lesen und zeigen Sie den TN, wie sie sich den Umgang mit Texten in der Fremdsprache leichter machen können:

- Zeigen Sie den TN nur die Überschrift des Textes und bitten Sie sie zu überlegen, wovon der Text handelt.
- Sprechen Sie, sofern vorhanden, über die Bilder zum Text. Auch sie können beim Verstehen helfen.
- Gewöhnen Sie die TN daran, zuerst die Aufgaben zum Text zu lesen. Diese strukturieren die wichtigen Informationen des Textes, und das Lesen wird danach einfacher, weil man sich nur noch auf diese Informationen konzentrieren muss.
- Bitten Sie die TN, auf internationale Wörter und Wörter aus derselben Wortfamilie zu achten. Kennen die TN z.B. das Wort „Entschuldigung", können sie auch das Verb „entschuldigen" erschließen.
- Erlauben Sie keine Wörterbücher. Bitten Sie die TN, bei einem unbekannten Wort weiterzulesen und zu prüfen, ob sich die Bedeutung nicht aus dem Kontext ergibt. Wenn die TN die unbekannten Wörter unterstreichen, können sie später immer noch entscheiden, ob sie das Wort dann noch nachschlagen wollen / müssen.
- Üben Sie mit den TN das kursorische Lesen (= einen Text überfliegen), indem Sie bei Texten, bei denen es nicht auf ein Detailverständnis ankommt, eine knappe Lesezeit vorgeben. So kommen die TN nicht in Versuchung, alles genau zu lesen.
- Lassen Sie Texte zwei- bis dreimal lesen, wenn es auf ein genaueres Verstehen ankommt: Beim ersten Lesen sollen die TN den Text nur überfliegen, um sich einen Überblick über das Thema zu verschaffen, beim zweiten (und dritten) Lesen können sie genauer lesen und wichtige Informationen markieren.

2

Sprechen: Über das eigene Wochenende berichten

1. Die TN zeichnen mithilfe der Kopiervorlage ihre eigene „Wochenendkurve" und notieren, was sie wann am Wochenende machen.
2. Die TN berichten sich in Partnerarbeit über das Wochenende.

LÄNDER INFO

Das Auto zu waschen gilt als typische Samstagsbeschäftigung deutscher Männer (genauso wie das Ansehen der Sportschau am Abend). Hier handelt es sich um ein klischeehaft überzeichnetes Bild. Richtig ist trotzdem, dass das Auto in Deutschland, Österreich und der Schweiz einen größeren Stellenwert hat als in vielen anderen Kulturen. Mit der Automarke soll ein bestimmtes Image transportiert werden, so steht der Mercedes z.B. für Exklusivität, der BMW für Sportlichkeit, während ein VW eher als Familienauto angesehen wird. Dieses Symbol für einen bestimmten Status wird dann entsprechend gepflegt.

Weitere Materialien für noch mehr Abwechslung im Unterricht finden Sie unter www.hueber.de/schritte-international.

LERNEN – EIN LEBEN LANG

Folge 7: *Tango*
Einstieg in das Thema: Kurse besuchen

7

1

Vor dem Hören: Vermutungen anstellen

1. Um die TN auf das Thema einzustimmen, schreiben Sie „tanzen" an die Tafel und fragen Sie die TN, ob sie gern tanzen, welche Tänze sie tanzen können bzw. vom Namen her kennen und wer schon einmal einen Tanzkurs gemacht hat. Sammeln Sie die Namen der Tänze, die die TN nennen, an der Tafel. Sprechen Sie Deutsch und achten Sie darauf, dass auch die TN beim Deutschen bleiben, das ist hier durchaus schon machbar.
2. *fakultativ:* Wenn die TN sehr interessiert auf das Thema reagieren und viele gern tanzen, lassen Sie die TN ihr tänzerisches Können im Kurs vorführen. Vielleicht kann ja auch jemand allen einen einfachen Tanz beibringen. So kommt etwas Bewegung in den Kurs!
3. Die TN lesen im Buch die Aufgabenstellung und die Zitate a) bis d). Stellen Sie sicher, dass die TN die Aussagen genau verstehen.
4. Die TN sehen die Fotos an und kreuzen ihre Lösungen an.

   Kontrollieren und vergleichen Sie die Lösungen an dieser Stelle nicht. Das sollte erst nach dem Hören der Foto-Hörgeschichte erfolgen.

2

Beim ersten Hören

1. Die TN sehen die Fotos an und hören die Geschichte. Sie achten besonders auf die Zitate aus Aufgabe 1 und vergleichen ihre Lösungen mit der Geschichte.
2. Abschlusskontrolle im Plenum. *Lösungsvorschlag:* a) Anton; b) Timo; c) Anton; d) weder Timo noch Anton

3

Nach dem ersten Hören: Den wesentlichen Inhalt verstehen

1. Die TN lesen die Zitate aus der Geschichte und hören die Geschichte noch einmal. Sie ordnen allein oder zu zweit zu, wer was sagt.
2. Abschlusskontrolle im Plenum.
   Lösung: Anton: Corinna will Tango tanzen. / Ich kann aber nicht Tango tanzen – ich kann gar nicht tanzen. / Sie lachen über mich ... die Leute im Kurs, der Lehrer, alle lachen über mich, alle! / Du kannst Tango tanzen? Timo: Tango ist doch super! / So ein Tanzkurs ist was Schönes! Das macht Spaß! / Los, wir üben jetzt Tango! / Das hast du sehr gut gemacht!
3. *fakultativ:* Hat den TN die Geschichte gut gefallen und würden sie nun auch gern Tango lernen? Suchen Sie für diesen Fall z.B. unter dem Suchbegriff „Schrittfolge Tango" die Grundschritte des Tangos im Internet, laden Sie die Anweisungen herunter und bringen Sie Tangomusik mit in den Kurs. Üben Sie mit den TN die Grundschritte des Tangos. Falls jemand Tango tanzen kann, kann er als Tanzlehrer fungieren und den besonders Mutigen vielleicht sogar eine Figur beibringen.

4

Sprechen: Über Kurse erzählen

1. Die TN lesen die Beispiele im Buch. Geben Sie ihnen, wenn nötig, etwas Zeit, um im Wörterbuch nachzusehen, wie das, was sie gerade in einem Kurs lernen, auf Deutsch heißt.
2. Die TN erzählen, welche Kurse sie derzeit besuchen. Sollten einige TN außer dem Deutschkurs z.B. aus Zeitmangel keine Kurse besuchen, fragen Sie sie, was sie gern lernen möchten oder welche Kurse sie planen, wenn Sie wieder etwas mehr freie Zeit haben.

7   **A**   Ich **kann** aber nicht Tango **tanzen.**

Das Modalverb *können*
Lernziel: Die TN können über ihre Fähigkeiten sprechen.

Materialien
A1 sechs Kärtchen mit den Personalpronomen *ich, du, ...*
A3 Tabelle auf Folie; Kopiervorlage zu A3/A4 (im Internet)

A1   **Präsentation des Modalverbs *können***
1. Die TN hören die CD/Kassette und ergänzen die Lücken.
2. Abschlusskontrolle im Plenum. *Lösung:* a) kann; b) kannst, können
3. Lesen Sie die Sätze mit dem Modalverb „können" noch einmal vor und verweisen Sie auf den Grammatikspot, insbesondere auf den Vokalwechsel in den Singularformen sowie auf die fehlende Personalendung in der 1. und 3. Person Singular - einem Charakteristikum der Modalverben.
4. *fakultativ:* Üben Sie mit den TN die Formen von „können", indem Sie in willkürlicher Reihenfolge Kärtchen mit den Personalpronomen zeigen. Die TN bilden jeweils die dazugehörige Form von „können". Diese Übung kann später mit den anderen Modalverben wiederholt werden und eignet sich auch gut zum Warming-up zu Beginn einer Stunde.

A2   **Variation: Anwendungsaufgabe zum Modalverb *können*; Erweiterung: Die Satzklammer beim Modalverb**
1. Gehen Sie vor wie auf Seite 14 beschrieben.
2. Lassen Sie die TN die Varianten noch einmal wiederholen und notieren Sie einige Beispiele an der Tafel mit. Fragen Sie: „Wo steht „können" im Satz?", „Wo steht „tanzen"?"

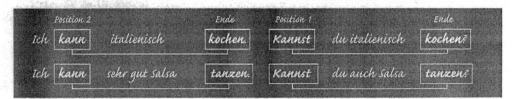

Position 2		Ende	Position 1		Ende
Ich	kann	italienisch	kochen.	Kannst	du italienisch	kochen?
Ich	kann	sehr gut Salsa	tanzen.	Kannst	du auch Salsa	tanzen?

3. Verweisen Sie auch auf den Grammatikspot. Machen Sie die TN auf die Satzklammer im Aussagesatz und in der Ja-/Nein-Frage aufmerksam. Verdeutlichen Sie anhand eines Beispiels an der Tafel, dass die Verbklammer beliebig erweitert werden kann, sich die Position von Modalverb und Infinitiv aber nicht ändert. Ergänzen Sie z.B. den Satz „Ich kann auch Salsa tanzen." schrittweise, bis Sie den komplexen Satz „Ich kann leider auch überhaupt nicht Salsa und Tango tanzen." erhalten.

Arbeitsbuch 1-2: in Stillarbeit; **3-5:** in Stillarbeit oder als Hausaufgabe

PHONETIK   **Arbeitsbuch 6-7:** Der Laut [ʃ] wird im Deutschen stimmlos gesprochen, im Gegensatz zu einigen anderen Sprachen, die auch oder nur die stimmhafte Variante kennen. Der Laut wird als „sch" verschriftlicht. Die TN kennen schon viele Wörter mit „sch", sammeln Sie mit ihnen einige an der Tafel (z.B. Waschmaschine, Fisch, Schule). Spielen Sie mit den TN Dampflokomotive: „Sch, sch, sch ..." Der Laut muss hart und mit Druck kommen. Die TN lesen auch ihre Wörter an der Tafel. Sie öffnen ihr Buch, hören die CD zu Übung 6 und sprechen nach. Dann markieren sie, wo sie überall „sch" hören. Kontrollieren Sie im Plenum und machen Sie die TN darauf aufmerksam, dass die Buchstabenkombinationen „sp" und „st" am Wort- oder Silbenanfang „schp" und „scht" ausgesprochen werden. Die TN hören Übung 7 und ergänzen „sch" bzw. „s".

TIPP   Sie können die TN durchaus immer mal wieder auffordern, einige Sätze in ihre Muttersprache zu übersetzen (vgl. Arbeitsbuch S. 146). Dieser kontrastive Vergleich hilft insbesondere kognitiven Lernern, sich neue Strukturen im Deutschen bewusst zu machen und dadurch besser einzuprägen. Dies gilt nicht nur für Gemeinsamkeiten mit der Muttersprache, sondern auch für Unterschiede.

A3/A4   **Aktivität im Kurs: Sich über persönliche Fähigkeiten austauschen**
1. Sehen Sie zusammen mit den TN die Tabelle auf der Folie an und fragen Sie: „Was können Sie gut?". Erweitern Sie die Tabelle auf Zuruf um ein paar weitere Aktivitäten.
2. Die TN finden sich in Gruppen von 5-6 TN zusammen und erstellen nach dem Muster im Buch eine eigene Liste. Gehen Sie herum und helfen Sie bei Wortschatzfragen.
3. Die TN befragen sich in der Gruppe, wie gut sie etwas können, und tragen die Antworten in der Tabelle ein.
4. Die Gruppen berichten im Plenum über die TN aus der Gruppe. Achten Sie darauf, dass jeder aus der Gruppe einmal spricht und eine andere Person aus der Gruppe vorstellt.
   Variante: In Kursen mit weniger geübten TN können Sie als Strukturierungshilfe die Kopiervorlage zu A3/A4 (im Internet) nutzen.

Materialien
B1 sechs Kärtchen mit Personalpronomen
B2 Programme für Weiterbildung
B3 Kopiervorlage zu B3 (im Internet), Papierstreifen
    oder Kärtchen

Corinna **will** einen Tangokurs machen.

B

Das Modalverb *wollen*
Lernziel: Die TN können über Absichten und Pläne sprechen.

B1 Präsentation des Modalverbs *wollen*

1. Erinnern Sie die TN an die Foto-Hörgeschichte. Die TN sehen die Fotos an und ordnen jedem Foto das passende Zitat zu.
2. Abschlusskontrolle im Plenum. *Lösung:* Foto 1: Hey, es ist sechs Uhr morgens! Ich ...; Foto 2: Ich will da nicht hingehen!
3. Verweisen Sie auf den Grammatikspot, insbesondere auf den Vokalwechsel in den Singularformen sowie auf die fehlende Personalendung in der 1. und 3. Person Singular – einem Charakteristikum der Modalverben.
4. Üben Sie die Formen von „wollen" mit Kärtchen wie bei „können" (siehe Seite 66).

B2 Anwendungsaufgabe zum Modalverb *wollen*

1. Die TN sehen zunächst die Zeichnungen an und beschreiben, was die Personen gerade machen bzw. welches Problem sie wohl haben.
2. Die TN lesen die Broschüre mit Kursangeboten. Helfen Sie bei Wortschatzfragen.
3. Weisen Sie auf den Grammatikspot hin und erklären Sie, dass das Phänomen der Satz- oder Verbklammer, das die TN schon bei „können" kennen gelernt haben, auch für „wollen" gilt.
4. Die TN sprechen in Partnerarbeit darüber, welcher Kurs für wen passt.
5. Die TN vergleichen im Plenum, ob alle die selben Kurse für die Personen auf den Zeichnungen gewählt haben oder ob es Unterschiede gibt.
6. Wenn möglich, bringen Sie deutschsprachige Weiterbildungs- oder Volkshochschulprogramme mit in den Kurs. Wenn Sie auf solche Programme keinen Zugriff haben, finden Sie Informationen und Kursangebote sicher im Internet. Verteilen Sie die Kursangebote an die TN. Die TN überfliegen die Angebote und erzählen in Kleingruppen von 4-5 TN, was sie machen möchten.

Arbeitsbuch 8–9: in Stillarbeit oder in Partnerarbeit: Die TN strukturieren das Verbparadigma von „wollen". 10: als Hausaufgabe

B3 Aktivität im Kurs: Lebende Sätze

1. Die TN sehen sich die Beispiele im Buch an und schreiben anschließend in Kleingruppen eigene Sätze auf große Papierstreifen. Bevor die TN die Sätze in einzelne Wörter zerschneiden, sollten Sie sie korrigieren. Erinnern Sie die TN daran, auch Satzzeichen zu notieren.
   Variante: Wenn die TN Anregungen brauchen oder Sie wenig Zeit im Kurs haben, verteilen Sie die Kopiervoralge zu B3 (im Internet).
2. Mischen Sie alle Wortschnipsel und verteilen Sie an jeden TN einen Wortschnipsel. Die TN versuchen, ihre Partner zu finden und mit diesen den Satz wieder zusammenzusetzen, und stellen sich dann in der richtigen Reihenfolge und mit dem korrekten Satzzeichen auf. Die entstandene Gruppe bildet einen „lebenden Satz". Haben Sie mehr TN als Wortkarten, können die übrigen TN als Co-Lehrer fungieren, die „lebenden Sätze" ggf. korrigieren und die korrekten Sätze dann abschließend an die Tafel schreiben.
3. *fakultativ:* Bitten Sie die TN anschließend, ihre Position so zu verändern, dass aus den Fragen Aussagesätze werden und umgekehrt. Durch dieses Umstellen wird noch einmal deutlich, dass sich zwar die Position des Modalverbs verändert, die des Infinitivs jedoch gleich bleibt.

 Arbeitsbuch 11–12: in Stillarbeit oder als Hausaufgabe: Die TN entscheiden selbst, ob sie noch mehr Hilfe benötigen (Übung 11) oder schon selbstständig Sätze formulieren möchten (Übung 12).

TIPP
Regen Sie die TN möglichst früh und möglichst oft dazu an, eigenständig kleine Sätze, Geschichten und Gespräche zu schreiben. Mit dieser Fertigkeit, die auch für die Prüfungen *Start Deutsch* und *Zertifikat Deutsch* wichtig ist, haben viele TN erfahrungsgemäß Schwierigkeiten oder Hemmungen und sie fühlen sich unsicher. Mit den Übungen des Arbeitsbuchs können Sie die TN allmählich heranführen: Unsichere TN erhalten zunächst eine gelenktere Übung, hier, indem sie die Sätze in den Gesprächen nur zuordnen müssen. In einem zweiten Schritt wagen sie sich dann womöglich auch schon an Übung 12 und können eigene Sätze zu den Situationen finden. Geübtere TN können Übung 11 überspringen. Wenn Sie besonders gute TN haben, die Sie fördern möchten, schneiden Sie bei Übung 12 den Kasten und das Beispiel weg, sodass diese TN keine Hilfen haben. Sie können ein solches Vorgehen auch bei anderen Schreibübungen anwenden.

C **Hast** du das **gehört**, Koko?

Das Perfekt mit *haben*
Lernziel: Die TN können über Ereignisse und Tagesabläufe in der Vergangenheit sprechen.

Materialien
C3 Verbkärtchen, zwei leere Pappkartons,
Papiertüten o.Ä.
C5 Kopiervorlage L7/C5 als Arbeitsblatt und auf
Folie

C1 **Präsentation des Perfekts mit *haben***
1. Die TN sehen sich noch einmal die Fotos aus der Foto-Hörgeschichte an und hören dazu zwei Ausschnitte.
2. Die TN ergänzen in Stillarbeit die Lücken. Einige TN erkennen vielleicht schon, zu welchem bereits bekannten Verb die Formen gehören. Notieren Sie in diesem Fall Infinitiv und Partizip an der Tafel.
3. Abschlusskontrolle im Plenum. *Lösung:* gehört; gemacht

C2 **Systematisierung: Bildung des Perfekts**
1. Lesen Sie zusammen mit den TN das angegebene Beispiel und fragen Sie noch einmal nach dem zugehörigen Bild. Fragen Sie: „Was passiert hier jetzt?" (Der Junge steht auf.) und „Was hat er gemacht?". Lösen Sie die Aufgabe mit den TN gemeinsam. *Lösung:* A Der Junge lernt Englisch. B Das Mädchen hat einen Brief geschrieben. C Das Mädchen schreibt einen Brief.
2. Anhand der Bilder und Sätze soll deutlich werden, dass Ereignisse in der Gegenwart und der Vergangenheit durch verschiedene Formen ausgedrückt werden. Verweisen Sie auch auf die Kalenderblätter und die Bedeutung von „heute" und „gestern".

heute   *gestern*
Ich [*lerne*] *Englisch.*   *Gestern* [*habe*] *ich Englisch* [*gelernt.*]

3. Notieren Sie auch die Beispiele des Grammatikspots an der Tafel und präsentieren Sie den TN das Präfix „ge-" als typisches Signal für die Vergangenheit. Machen Sie die TN darauf aufmerksam, dass sie, um über Vergangenes sprechen zu können, zwei „Teile" brauchen: eine Form von „haben" und das so genannte Partizip II des Verbs.

C3 **Systematisierung: Partizip II**
1. Sicher ist den TN bereits in C2 aufgefallen, dass die Partizipien „gelernt" und „geschrieben" unterschiedliche Endungen haben. Bringen Sie nach Möglichkeit zwei leere Pappkartons oder Papiertüten mit in den Unterricht und beschriften Sie sie mit den Endungen *-en* bzw. *-(e)t.* Schreiben Sie die im Buch angegebenen Partizipien sowie einige weitere zu regelmäßigen Verben, die den TN bereits bekannt sind, auf Kärtchen und verteilen Sie sie. Jeder TN darf eines in den richtigen Karton legen.
2. Ziehen Sie dann alle abgelegten Karten nacheinander aus den beiden Kartons und fragen Sie die TN, zu welchem Verb die Form gehört. Die Infinitive schreiben Sie auf Zuruf in zwei Spalten ([-(e)t]: *arbeiten*, ... ↔ [-en]: *lesen*, ...) an die Tafel. Die TN bilden noch einmal mündlich das Partizip II dazu. Weisen Sie sie darauf hin, dass die Verben das Partizip normalerweise auf *-(e)t* bilden, unregelmäßige Verben in der Regel auf *-en*. Fordern Sie die TN auf, diese Partizipformen immer gleich mitzulernen.
   Gehen Sie auf dieser Stufe noch nicht zu genau auf die Bildung des Perfekts ein. Es genügt, wenn sich die TN zunächst einige wichtige Verben als feste Form merken. Die Vergangenheitsformen werden in den Bänden 2 und 3 vertieft.

Arbeitsbuch 13–14: in Stillarbeit; 16–17: in Stillarbeit oder als Hausaufgabe

LERN
TAGEBUCH
Arbeitsbuch 15: Die TN sollten sich angewöhnen, analog zu dieser Übung unregelmäßige Verben nicht nur im Infinitiv, sondern auch in der 3. Person Singular Präsens und mit dem Partizip II und dem Hilfsverb zu notieren. So stehen ihnen immer alle notwendigen Sonderformen zur Verfügung und können mitgelernt werden. Beginnen Sie die Listen mit den TN zusammen, sie setzen diese dann in Partnerarbeit mit den Verben aus Übung 14 fort. Abschlusskontrolle im Plenum.

C4 **Anwendungsaufgabe zum Perfekt mit *haben***
1. Verweisen Sie auch auf den Grammatikspot und erinnern Sie die TN an die Verbklammer, die ihnen von den trennbaren Verben (Lektion 5) und den Modalverben „können"/„wollen" her bekannt ist.
2. Die TN lesen das Gespräch und befragen sich in Partnerarbeit. Ermuntern Sie die TN, weitere Beispiele zu finden.

Arbeitsbuch 18: als Hausaufgabe

C5 **Aktivität im Kurs: Über Ereignisse und Aktivitäten in der Vergangenheit sprechen**
1. Demonstrieren Sie die Aufgabe, indem Sie vier Aussagen über sich selbst an die Tafel schreiben. Zwei Aussagen sollten falsch sein. Lassen Sie die TN raten, welche Aussagen richtig und welche falsch sind.
2. Die TN überlegen sich vier Sätze über sich: zwei richtige und zwei falsche. TN, die noch Anregungen oder sprachliche Hilfen benötigen, können die Kopiervorlage L7/C5 ausfüllen. Sie ergänzen zwei Sätze so, dass die Satzaussagen richtig sind und zwei so, dass die Aussagen falsch sind. Anschließend schreiben die TN die Sätze auf ein Blatt Papier.
3. Die TN lassen eine Partnerin / einen Partner raten, welche Aussagen richtig und welche falsch sind.

Arbeitsbuch 19–20: als Hausaufgabe; 21: im Kurs: Helfen Sie den TN, ihre Schreibfertigkeiten aufzubauen (vgl. auch Tipp auf Seite 67). Geübte TN bearbeiten die Übung wie im Buch angegeben, besonders mutige TN können auch einen ganz freien Antwortbrief ohne die Hilfevorgaben schreiben. Wenn Sie sehr unsichere TN im Kurs haben, schreiben Sie selbst fertige Sätze für den Brief und lassen Sie sie ähnlich wie in Übung 11 so ordnen, dass ein sinnvoller Brief entsteht. So haben die TN einen Musterbrief, den sie dann selbstständig variieren können.

Ich **bin** noch nie in eine Tanzschule gegangen.

Perfekt mit *sein*

Lernziel: Die TN können über Aktivitäten in der Vergangenheit erzählen.

D   **7**

D1 **Präsentation des Perfekts mit *sein***

1. Die TN sehen die Zeichnungen an und ordnen die passenden Sätze zu.
2. Abschlusskontrolle im Plenum. *Lösung:* B 2; C 4; D 1
3. Lenken Sie die Aufmerksamkeit der TN jetzt auf den Grammatikspot. Stellen Sie sich zur Demonstration für alle sichtbar hin und markieren Sie Ihren Standort mit einem Band, Wollfaden o.ä. und sagen Sie: „Jetzt bin ich hier." Gehen Sie dann ein paar Schritte übertrieben vorwärts schreitend durch den Raum und fragen Sie die TN währenddessen: „Was mache ich jetzt?" Die TN werden voraussichtlich sagen: „Sie gehen/laufen." Bleiben Sie dann an einer anderen Stelle stehen, markieren Sie Ihren Standort erneut und fragen Sie: „Jetzt bin ich hier. Was habe ich gemacht?" Geben Sie selbst ganz betont die Antwort: „Ich bin gegangen." Abschließend deuten Sie auf die zwei markierten Standorte. Wenn nötig, wiederholen Sie die Demonstration mit dem Verb „fahren". Den TN sollte klar werden, dass alle Verben, die mit einer Ortsveränderung verbunden sind, das Perfekt mit „sein" bilden.
Es genügt, wenn sich die TN vorerst die Verben „gehen", „fahren" und „kommen" mit „sein" als feste Formel merken.
4. Verweisen Sie noch einmal auf die Satzklammer.

D2 **Hörverstehen: Über einen vergangenen Sprachurlaub sprechen**

1. Die TN lesen die Anzeigen. Stellen Sie, wenn nötig, Verständnisfragen: „Was kann man in Anzeige A lernen und wo? Wo kann man Business-Sprachkurse machen? Wo Sprachurlaub? Wie kann man selbstständig Sprachen lernen?"
2. Die TN hören die Hörtexte und notieren ihre Lösung.
3. Abschlusskontrolle im Plenum. *Lösung:* Hörtext 1: D; Hörtext 2: A

D3 **Anwendungsaufgabe zum Perfekt**

1. Die TN lesen die Aufgabe mit den Punkten a) bis h). Gute TN können ggf. jetzt schon ankreuzen, wer was gemacht hat: Charlotte oder Hanna.
2. Spielen Sie die CD/Kassette noch einmal vor. Die TN kreuzen an, wer was gemacht hat. Wer schon vorab seine Lösungen angekreuzt hat, kann sich jetzt noch einmal überprüfen.
3. Abschlusskontrolle im Plenum. Dabei formulieren die TN vollständige Sätze mit Perfekt.
Lösung: Charlotte: a, d, e, f, h; Hanna: b, c, g

Arbeitsbuch 22: in Stillarbeit; 24–28: als Hausaufgabe

Arbeitsbuch 23: Die TN notieren sich nun auch die unregelmäßigen Verben mit „sein" in ihrem Lerntagebuch.

D4 **Aktivität im Kurs: Partnerinterview**

1. Die TN lesen die Beispiele für Fragen, um Anregungen zu bekommen. Sie schreiben zehn Interviewfragen. Wenn Sie möchten, können Sie hierzu die Kopiervorlage zu D4 (im Internet) verteilen. Gehen Sie herum und helfen Sie bei Grammatik- und Wortschatzfragen.
Variante: Die TN stellen ihre Fragen einer Partnerin / einem Partner und schreiben die Antworten mit.
2. Die TN stellen die Antworten der Partnerin / des Partners im Plenum vor. Bei großen Kursen bilden die TN zwei Plenen.
3. *fakultativ:* Wenn Sie das Perfekt und das Schreiben noch weiter mit den TN üben möchten, verteilen Sie die Kopiervorlage L7/D4. Die TN formen den Brief ins Perfekt um.
4. *fakultativ:* Wer es sich zutraut, kann abschließend einen eigenen Brief über einen (Sprach-)Urlaub versuchen. Sammeln Sie die Briefe ein und geben Sie sie korrigiert zurück.

PRÜFUNG   Arbeitsbuch 29: Im Prüfungsteil Schreiben, Teil 2, der Prüfung *Start Deutsch 1* sollen die TN anhand von vorgegebenen Leitpunkten einen kurzen Brief schreiben. Achten Sie besonders darauf, dass die TN die Anrede, das Datum und die Grußformel nicht vergessen.

E | Deutsch lernen

Lernstrategien
Lernziel: Die TN können über Lernziele und Lernstrategien sprechen.

Materialien
E2 Plakate, Kopiervorlage zu E2 (im Internet), eine
Folie
Test zu Lektion 7
Wiederholung zu *Schritte international 1*
Fragebogen auf den Kursbuchseiten 78–79

E1 Vorbereitung auf das Kursgespräch: Einen Experten-Text lesen

1. Die TN lesen den Text. Geben Sie Gelegenheit zu Wortschatzfragen.
2. Die TN lesen die Aufgabenstellung. Sie lesen den Text noch einmal und markieren mit drei Farben, welche Tipps sie schon ausprobiert haben, was sie einmal machen möchten und was sie nicht so gut/wichtig finden.
3. Die TN finden sich in Kleingruppen von 4–6 TN zusammen und sprechen über die Tipps des Experten. Gehen Sie herum, hören Sie in die Gruppen hinein und helfen Sie bei einer stockenden Unterhaltung ggf. durch gezielte Fragen wie: „Wer von Ihnen/euch hat einen deutschen Brieffreund?"

E2 Aktivität im Kurs: Über das Sprachenlernen sprechen

1. Regen Sie die TN zu einer Selbstreflexion an: Warum lernen die TN Deutsch? Die TN kreuzen ihre Motivation für das Deutschlernen im Buch an. Weisen Sie darauf hin, dass auch mehrere Antworten möglich sind, und ermuntern Sie die TN, weitere Gründe zu finden und zu notieren.
2. Die TN lesen die Aufgabenstellung b) und den Kasten. Sammeln Sie mit den TN an der Tafel weitere Dinge, die man im Sprachkurs machen kann oder sollte. Dabei sollten die TN noch nicht bewerten!
3. Mit Hilfe der Kopiervorlage zu E2 (im Internet) oder einem Plakat sprechen die TN in Kleingruppen von vier TN über die einzelnen Punkte zum Thema „Lernen" und machen eine Strichliste.
4. Die Gruppen stellen ihr Plakat oder ihre Tabelle im Plenum vor. Machen Sie auf einer Folie eine Strichliste für den gesamten Kurs. Am Ende entsteht ein Meinungsbild des ganzen Kurses.

TIPP

Besonders erfolgreich wird der Kurs für die TN, wenn sie möglichst so lernen können, wie es ihnen besonders liegt und gefällt. Dieses Gefühl des Erfolgserlebnisses fällt auch auf Sie als Kursleiterin/Kursleiter zurück. Erstellen Sie daher ein Plakat mit den Lernmotivationen, die die TN genannt haben, und den Punkten, die die TN wichtig bzw. nicht so wichtig fanden, und hängen Sie es im Kursraum auf. So können Sie immer wieder darauf verweisen, wenn Sie im Kurs z.B. lesen und die TN sich das gewünscht haben. Die TN fühlen sich in ihren Bedürfnissen ernst genommen. Sollten sie ihre Meinung einmal ändern und sich z.B. mehr Spiele wünschen, kann das Plakat abgeändert werden. Dieses Verfahren können Sie in jedem neuen Kurs zu Beginn anwenden und haben so eine Richtschnur für Ihren Unterricht.

Arbeitsbuch 30–31: als Hausaufgabe

Einen Test zu Lektion 7 finden Sie auf Seite 128 f. Weisen Sie die TN auf die interaktiven Übungen auf ihrer Arbeitsbuch-CD hin. Die TN können mit diesen Übungen den Stoff der Lektion selbstständig wiederholen und sich ggf. auch auf den Test vorbereiten. Wenn Sie mit den TN den Stoff von *Schritte international 1* wiederholen möchten, verteilen Sie das Wiederholungsspiel (Seite 113–115). Die TN können jetzt auch ihren Kenntnisstand mit dem Fragebogen auf den Seiten 78–79 im Kursbuch überprüfen.

Zwischenspiel 7
Ui! Ich hab' schon wieder was gelernt!
Interjektionen

1   **Sprechen: Interjektionen**

1. Kopieren und vergrößern Sie vorab die Informationen und Fotos zu den einzelnen Interjektionen als Kärtchen. Wenn Sie Zugang zu einem Laminiergerät haben, sollten Sie die Karten laminieren. So können Sie sie immer wieder verwenden.
2. Die Bücher bleiben geschlossen. Präsentieren Sie jede Interjektion einzeln, machen Sie den Gesichtsausdruck nach und sagen Sie die jeweilige Interjektion mit deutlicher Betonung. Die TN sprechen nach.
   Hinweis: Interjektionen sind kurze Ausrufe. Meistens drücken sie eine Emotion (Freude, Wut, Überraschung, Erstaunen, Zweifel usw.) aus und werden auch sehr emotional vorgebracht. Mimik, Gestik und Intonation sind deshalb sehr wichtig.
   Variante: In Kursen mit überwiegend sprachlerngeübten TN können Sie die Schritte 1 und 2 weglassen. Die TN öffnen ihr Buch. Sie sehen sich die Fotos an und lesen die Texte. Sprechen Sie die Interjektionen vor, die TN üben diese in Partnerarbeit.

2   **Hörverstehen: Interjektionen verstehen**

1. Die TN hören die Gespräche.
2. Verteilen Sie die Kopiervorlage „Zwischenspiel zu Lektion 7". Die TN hören die Gespräche noch einmal und ergänzen sie auf der Kopiervorlage. Besonders schnelle TN versuchen, die Texte schon vor dem zweiten Hören auszufüllen. Das zweite Hören dient für sie dann zur Selbstkontrolle.
3. Abschlusskontrolle im Plenum. *Lösung:* b) Hey; c) Oh – oh; d) Boah; e) Ach; f) Brr; g) Hopp; h) Oh Gott; i) Oje; j) Igitt; k) Pfui

3   **Anwendungsaufgabe zu den Interjektionen**

1. Die TN finden sich paarweise zusammen. Sie wählen drei Ausrufe, die ihnen besonders gut gefallen, und schreiben eigene Gespräche. Gehen Sie herum und helfen Sie bei Wortschatzfragen.
2. Die TN üben ihre Gespräche ein. Achten Sie darauf, dass die TN auch Mimik und Gestik einsetzen.
3. Die TN spielen ihre Gespräche auswendig im Kurs vor. Damit es bei großen Kursen nicht zu lange dauert, sollten die TN sich für das Vorspielen eines ihrer drei Gespräche heraussuchen.

TIPP   Es sollten immer alle TN die Möglichkeit bekommen, ihre Gespräche im Kurs vorzuspielen. Oft ist dafür in großen Gruppen keine Zeit oder es würde für alle zu langweilig, immer ähnlichen Dialogen zuzuhören. Verteilen Sie daher die Präsentationen auf mehrere Unterrichtstage, z.B. indem Sie immer die letzten zehn Minuten einer Stunde für Rollenspiele und freie Aktivitäten reservieren. Diese zehn Minuten sind zugleich eine ideale Wiederholung der letzten Unterrichtseinheiten bzw. eine Möglichkeit zur Rückblende.

LÄNDER INFO   Interjektionen kommen im mündlichen Sprachgebrauch häufig vor, sie sind stark automatisierte Reaktionen, die man auch in der Fremdsprache nicht so leicht ablegt. Dabei sind sie keineswegs international: Für „Igitt" wird z.B. im Englischen „Ugh" oder „Yuck" verwendet, im Finnischen „Yök". Bei Schmerzen rufen Deutsche „Au", „Aua" oder „Autsch", Finnen dagegen „Ai" usw.
Die TN vergleichen die Interjektionen im Buch mit der eigenen Sprache: Gibt es Unterschiede?
Wenn die TN Spaß an diesen Ausrufen haben, zeigen Sie ihnen weitere:

Ach ja?	„Das glaube ich nicht." / „Stimmt das wirklich?" / „Bist du sicher? Ich nicht."
Ach so. / Aha.	„Jetzt habe ich verstanden." / „Jetzt ist (mir) das klar."
Äh(m)	(Beim Sprechen eine Pause füllen) „Was will ich sagen?" / „Moment, ich weiß gerade nicht weiter."
Ah! / Mmmh!	„Das tut gut."
Hoppla	(Wenn man selbst/jemand anders oder etwas - fast - gefallen wäre oder ist) „Vorsicht, du fällst!" / „Ich bin erschrocken."
Hurra!	„Ich freue mich so." / „Das ist super."
Husch!	„Geh weg(, aber leise)!"
Oh!	„Das habe ich nicht gewusst." / „Das überrascht mich jetzt."
Na bitte. / Na also.	(Triumph) „Warum nicht gleich so!" / „Ich hab´s ja gewusst!" / „Siehst du:"
Na gut / Na schön.	„Ich habe keine Lust, aber ich mache es." / „Ich möchte nicht, aber okay."
Na ja.	„Ich weiß nicht so richtig." / „Das gefällt mir nicht so gut."
Na, na, na.	„Das tut/sagt man nicht!"

Weitere Materialien für noch mehr Abwechslung im Unterricht finden Sie unter www.hueber.de/schritte-international.

Hinweis: Zerschneiden Sie die Sätze in dem vorgegebenen Raster und legen Sie die Teile in einen Briefumschlag. Stellen Sie so viele Sets her, dass die TN in kleinen Gruppen je einen Briefumschlag erhalten. Sie legen die Sätze in der passenden Reihenfolge zusammen.

■ Guten

Tag. Mein Name

ist Sabine Zimmermann. Und

wie heißen

Sie? ● Ich bin

Martina Ewers. Und wer

sind Sie? ■ Ich

heiße Manolo.

Schritte international 1. Lehrerhandbuch 02.1851 • © Hueber Verlag 2006

Kopiervorlage L1/C1

DU oder SIE? Ergänzen Sie.

<u>a</u> „Guten Tag, Herr Gonzalez. Woher komm*en sie?*"

„Aus Kolumbien."

<u>b</u> „Guten Tag, Miriam, woher komm .... ?"

„Aus dem Iran."

<u>c</u> „Entschuldigung, wie heiß ...., bitte?"

„Müller. Mein Name ist Müller."

<u>d</u> „Hallo, ich bin Tim, und wer .... ?"

„Ich bin Michel."

„Und woher .... ?"

„Aus Frankreich."

<u>e</u> „Hallo, ich heiße Klaus. Und du, wie heiß .... ?"

„Ich heiße Yasmine."

„Hallo, Yasmine! Woher komm .... ?"

„Aus Marokko."

1 **Wie heißen diese Länder in Ihrer Sprache und in anderen Sprachen? Ergänzen Sie und vergleichen Sie: Für welche Namen helfen Ihre Sprachkenntnisse? Für welche Namen nicht?**

Deutsch	Englisch	Andere Sprachen, die ich kenne	Meine Sprache
Großbritannien			
Holland (die Niederlande)			
Frankreich			
Spanien			
Italien			
die Schweiz			
Österreich			
Ungarn			
Griechenland			
die Türkei			
Tschechien			
Polen			
Russland			
China			
Japan			
Korea			
Indien			
Australien			
Neuseeland			
Ägypten			
Südafrika			
Brasilien			
Argentinien			
Chile			

2 **Welche Ländernamen interessieren Sie auch? Suchen Sie in Ihrem Wörterbuch und vergleichen Sie mit anderen Sprachen.**

Schritte international 1, Lehrerhandbuch 02.1851 • © Hueber Verlag 2006

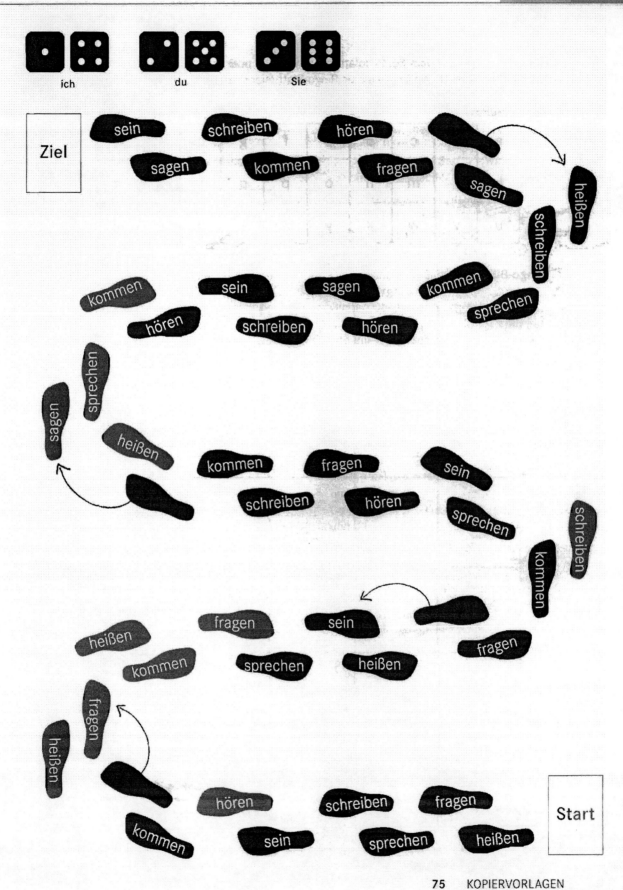

Alphabet-Bingo

Hinweis: Ziehen Sie vom Kontrollblatt mehrere Folien oder verwenden Sie verschiedenfarbige Folienstifte. Jeder TN erhält ein leeres Bingo-Blatt (siehe unten).

Kontrollblatt

a	b	c	d	e	f	g	h	i	j
k	l	m	n	o	p	q	r	s	t
u	v	w	x	y	z	ä	ö	ü	ß

Bingo-Blätter

Kopiervorlage „Zwischenspiel zu Lektion 1"

1   **Hören Sie das Lied und ergänzen Sie.**

<u>a</u> Wer *ist* .... das?   (Wer ist das?)
Das .... Herr Meier.   (Aah?)
Wie .... Sie?   (... heißen Sie?)
Ich .... Meier.   (Ja!)
Wer .... Sie?   (Wer sind Sie?)
Ich .... Herr Meier.

Ich .... Hans-Joachim Meier
und ich .... aus Deutschland.
Ich .... Hans-Joachim Meier
und ich .... Deutsch.

.... , Herr Meier!
Guten Morgen!
Guten Abend!
Guten Tag, Herr Meier,
und .... !

<u>c</u> Wer ist das?   (Wer ist das?)
Das ist Frau Pöltl.   (Aah?)
Wie heißen ....? (... heißen Sie?)
.... heiße Pöltl.   (Ja!)
Wer sind .... ?   (Wer sind Sie?)
.... bin Frau Pöltl.

Ich bin Alexandra Pöltl
und komm' aus ....
Ich bin Alexandra Pöltl
und ich spreche ....

.... , Frau Pöltl!
Guten Morgen!
Guten Abend!
Grüß Gott, Frau Pöltl,
und auf Wiederseh'n!

<u>b</u> .... ist das?   (Wer ist das?)
Das ist Frau Bärtschi.   (Aah?)
.... heißen Sie?   (... heißen Sie?)
Ich heiße Bärtschi.   (Ja!)
.... sind Sie?   (Wer sind Sie?)
Ich bin Frau Bärtschi.

Ich bin Magdalena Bärtschi
und komme aus der ....
Ich bin Magdalena Bärtschi
und spreche Schwyzerdütsch.

Grüeziwohl, Frau Bärtschi!
Guete Morge!
Gueten Obig!
.... , Frau Bärtschi,
und auf Wiederseh'n!

<u>d</u> Wer ist das?   (Wer ist das?)
Das ist Koko.   (Aah?)
Wie .... du?   (Wie heißt du?)
Ich .... Koko.   (Ja!)
Wer .... du?   (Wer bist du?)
Ich .... Koko.

Ich bin Koko, ich bin Koko
und ich .... Deutsch.
Du .... Koko, du .... Koko
und du .... Deutsch.

Hallo, Koko! Hallo, Koko!
Guten .... !
Guten .... !
Hallo, Koko! Hallo, Koko!
Und auf Wiederseh'n!
.... !
JAAAA!?

2   **Kreuzen Sie an. Wo sagen die Leute ...**

	⚑	⚑	⚑
Guten Tag! / Hallo!	X	☐	☐
Grüezi! / Salü!	☐	☐	☐
Grüß Gott! / Servus!	☐	☐	☐
Auf Wiedersehen! / Tschüs!	☐	☐	☐
Uf Widerluege! / Tschau!	☐	☐	☐
Auf Wiederschaun! / Servus!	☐	☐	☐

Ergänzen Sie.

~~Mutter~~   Bruder   Frau   Tochter   Mann   Mutter   Bruder   Sohn   Eltern

a

Das ist meine *Mutter* . ⟶

⟵ Das ist meine ....

b

Das ist mein ....

Das ist meine ....

c

Das ist mein ....

Das ist auch mein ....

d

Das ist meine ....

Das ist mein ....

e

Das sind meine ....

Ergänzen Sie.

<u>a</u> Ich bin Natascha.

Ich........ komm *e*......... aus Russland.

. ... leb. ...... in Deutschland.

.   wohn   ... in Dresden.

<u>b</u> Du bist Christian.

.... komm........ aus Österreich.

         leb   in Österreich..

.... wohn.   in Wien.

<u>c</u> Er ist Eike.

.... komm............ aus Afrika.

.... leb............ in Namibia.

.... wohn............ in Windhoek.

<u>d</u> Wir sind Natascha, Anna und Katharina.

.... komm............ aus Russland.

.... leb............ in Deutschland.

.... wohn............ in Dresden.

<u>e</u> Ihr seid Klaus und Jürgen.

.... komm............ aus Deutschland.

.... leb............ in der Schweiz.

.... wohn............ in Zürich.

<u>f</u> Sie sind José und Carlos.

.... komm............ aus Peru.

.... leb............ in Spanien.

.... wohn............ in Madrid.

Hinweis: Bilden Sie zwei Gruppen. Jede Gruppe bekommt ein Set Karten und spielt völlig autonom dieses Spiel. Verteilen Sie eine Karte pro TN, evtl. auch Klebeband und Stift, sodass die TN sich als Hilfestellung Namensschilder machen können. Die TN sollen sich in ihren Familien zusammenfinden. Sie fragen: *Wie heißt du? Wer bist du? Hast du Kinder?* usw. Später stellen sie sich und ihre Familie der anderen Gruppe vor. Jeder TN sagt: *Ich bin ..., Das sind ..., Das ist mein Bruder ...* . Sollte das zu lange dauern, kann ein ausgewählter TN „seine Familie" vorstellen.

SET I

Ich bin **Berta**. Meine Tochter ist Erika, mein Mann ist Peter. Mein Sohn heißt Egon. Er lebt in Italien.	Ich bin **Erika**. Meine Mutter ist Berta, mein Vater ist Peter. Ich habe zwei Kinder, einen Sohn und eine Tochter.
Ich heiße **Peter**. Meine Frau heißt Berta. Meine Kinder sind Erika und Egon. Egon lebt in Italien.	Ich bin **Egon**. Ich lebe in Italien. Meine Eltern sind Berta und Peter.
Ich heiße **Ruth**. Ich bin Bertas Schwester. Ich habe keine Kinder.	Ich bin **Fabian**. Meine Mutter ist Erika. Mein Vater heißt Martin. Ich komme aus München.
Ich bin **Sabine**. Ich bin Erikas Tochter. Ich habe keine Kinder.	Mein Name ist **Martin**. Ich bin Erikas Mann. Ich habe eine Schwester.
Ich bin **Adam**. Ich komme aus Polen. Meine Frau heißt Ilka.	Mein Name ist **Ilka**. Mein Bruder ist Martin. Mein Mann heißt Adam.

Schritte international 1, Lehrerhandbuch 02.1851 • © Hueber Verlag 2006

SET II

✂ ✂

Ich bin **Anna**. Mein Mann ist Alexander, meine Tochter Natascha. Mein Sohn heißt Julian. Er lebt in Australien.	Ich bin **Natascha**. Meine Mutter ist Anna, mein Vater heißt Alexander. Ich habe drei Kinder: Georg, Greta und Daniela.
Ich heiße **Alexander**. Meine Frau heißt Anna. Meine Kinder sind Natascha und Julian. Julian lebt in Australien.	Ich bin **Julian**. Ich lebe in Australien. Meine Eltern sind Anna und Alexander.
Ich heiße **Daniela**. Mein Bruder ist Georg, meine Schwester ist Greta. Ich habe keine Kinder.	Ich bin **Georg**. Meine Mutter ist Natascha. Mein Vater heißt Peter. Ich komme aus München.
Ich bin **Greta**. Ich bin Nataschas Tochter. Ich habe keine Kinder.	Mein Name ist **Peter**. Ich bin Nataschas Mann. Ich habe eine Schwester, Gunda.
Ich bin **Luis**. Ich komme aus Kolumbien. Meine Frau heißt Gunda.	Mein Name ist **Gunda**. Mein Bruder ist Peter. Mein Mann heißt Luis und kommt aus Kolumbien.

Hinweis: Sie können das Zahlenbingo immer wieder, auch bei höheren Zahlen, einsetzen. Denken Sie daran, vor dem Spiel den Zahlenbereich (z.B. von 0-50, von 50-100 oder von 100-150 usw.) festzulegen.

Kontrollblatt

0	1	2	3	4
5	6	7	8	9
10	11	12	13	14
15	16	17	18	19

Bingo-Blätter

Schritte international 1, Lehrerhandbuch 02.1851 • © Hueber Verlag 2006

1 **Lesen Sie die Texte noch einmal und kreuzen Sie an.**

richtig falsch   richtig falsch

a Markus hat eine neue Adresse. ☒ ☐   b Julian und Markus sind Freunde. ☐ ☐

c Julian ist 20 Jahre alt. ☐ ☐   d Susanne ist ledig. ☐ ☐

e Michael und Eva sind Geschwister. ☐ ☐   f Eva und Klara sind in Hamburg. ☐ ☐

g Michael studiert Medizin. ☐ ☐   h Markus und Eva sind verheiratet. ☐ ☐

i Die Eltern von Klara wohnen in Zermatt. ☐ ☐

2 **Städte in Deutschland, Österreich und in der Schweiz**
   a **Ergänzen Sie die Städte auf der Landkarte.**

1 ....

2 ....

3 ....

4 ....

5 ....

Kiel
Rostock
1
2
Bremen
Hannover
Magdeburg
Dortmund
Düsseldorf
Dresden
3
Leipzig
Bonn
Frankfurt
Deutschland
Heidelberg
Stuttgart
München
Linz
5
Salzburg
Basel
Innsbruck
Graz
Bern
4
Österreich
Schweiz

   b **Wie heißen die Städte? Schreiben Sie.**

Wien

   c **Oje, das stimmt doch nicht! Im Text sind noch 7 Städtenamen falsch. Streichen Sie die Namen durch und korrigieren Sie.**

Hamburg   Berlin

~~Wien~~ liegt in Norddeutschland. In Norddeutschland liegen auch München und Salzburg.
München ist die Hauptstadt von Deutschland. Berlin liegt in Süddeutschland.
Wien ist die Hauptstadt der Schweiz. In der Schweiz liegt auch Innsbruck.
Bern ist die Hauptstadt von Österreich. Auch Basel liegt in Österreich.

ein Ei   kein Ei   eine Tomate   keine Tomaten   keine Eier   Tomaten   ein Apfel   kein Apfel
Eier   Äpfel   kein Brötchen   keine Äpfel   ein Brötchen   Kartoffeln   keine Brötchen
keine Tomate   eine Kartoffel   Brötchen   keine Kartoffel   keine Kartoffeln

a

Das ist   Das sind   Das ist   Das sind
ein Ei.   ....   *kein Ei.*   ....

b

Das ....   Das ....

....

c

....

....

d

....

....

e

....

....

Schritte international 1, Lehrerhandbuch 02.1851 • © Hueber Verlag 2006

a ein Fisch

viele *Fische* ....

Fisch [fiʃ] der <-(e)s, -e> 1. (*animal, food*) fish
♦ *einen dicken Fisch an der Angel/im Netz haben*
♦ *Fische fangen/angeln* ♦ *Sie war munter wie ein
Fisch im Wasser.* ♦ *Am Freitag gibt es bei uns
Fisch.*

b ein Joghurt

viele ....

Jo-ghurt, Jo-gurt [ˈjoːgʊrt] der <-(s), -(s)>
yogurt ♦ *Ich esse gern Jogurt.* ♦ *ein Becher
Joghurt* ♦ *das linksdrehende/probiotische Joghurt*
♦ *Zum Frühstück isst er immer einen Joghurt.* ♦
Das mit Erdbeer ist mein Joghurt

c eine Traube

viele ....

Trau-be [ˈtraʊbə] die <-, -n> 1. *most pl* grape ♦
Möchtest du ein paar Trauben essen? ♦ *Er schob
sich eine Traube nach der anderen in den Mund.*
♦ *Es gibt weiße und blaue Trauben.* 2. *only pl*
bunch of grapes ♦ *An diesem Weinstock hängen
viele Trauben.*

d ein Kuchen

viele ....

Ku-chen [ˈkuːxn̩] der <-s, -> cake ♦ *ein selbst
gebackener Kuchen* ♦ *Möchten Sie noch ein
Stück Kuchen?* ♦ *Am Nachmittag gab es Kaffee
und Kuchen.*

e ein Saft

viele ....

Saft [zaft] der <-(e)s, Säfte> 1. (*from fruit*)
juice ♦ *der Saft von frisch gepressten Orangen* ♦
Fische fangen/angeln ♦ *Möchtest du Saft oder
Wasser?* 2. (*from meat or poultry*) juice(s) ♦
Fleisch im eigenen Saft garen. 3. sap ♦ *Der Saft
der Aloe Vera enthält heilsame Substanzen.*

1   **Schreiben Sie die Fragen.**

Wer, was, woher ...?
Beispiel:

Wie heißt er? ....

– Timo.

...? – Ja / Nein

Heißt er .... Timo?

– Ja.

a .... ?

– Aus Österreich.

.... aus Deutschland?

– Nein.

b .... geboren?

– In München.

.... in Hamburg geboren?

– Nein.

c .... Klara?

– Sie spricht Deutsch.

.... auch Finnisch?

– Ja, ein bisschen.

d .... das?

– Koko.

.... Koko?

– Ja.

2   **Richtig oder falsch? Kreuzen Sie an.**

	richtig	falsch
Bei Fragen (?) mit *was, woher, ...* antworte ich „Ja" oder „Nein".	☐	☐
Bei Fragen (?): *Kommst du, Heißt du ...* antworte ich „Ja" oder „Nein".	☐	☐

Schritte international 1, Lehrerhandbuch 02.1851 • © Hueber Verlag 2006

Wie heißen die Wörter auf Englisch? In anderen Sprachen? In Ihrer Sprache? Ergänzen Sie.

Deutsch	Englisch	Andere Sprache(n), die ich spreche	Meine Sprache
Apfel			
Banane			
Bier			
Brot			
Fisch			
Joghurt			
Käse			
Kiwi			
Milch			
Orange			
Reis			
Salat			
Salz			
Tee			
Tomate			
Wasser			
Wein			

Ordnen Sie die Bilder zu.

1 Kartoffeln weich kochen

2 Kartoffeln kalt werden lassen

3 Kartoffeln schälen

4 Kartoffeln in Scheiben schneiden

5 Gurken in Scheiben schneiden

6 Zwiebeln in Würfel schneiden

7 Kartoffel-, Gurkenscheiben und Zwiebelwürfel zusammen mit den anderen Zutaten in einer Schüssel gut mischen

8 den Salat servieren

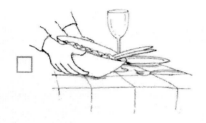

Schritte international 1, Lehrerhandbuch 02.1851 • © Hueber Verlag 2006 • Zeichnungen: Gisela Specht, Weßling

Kopiervorlage L4/B2

Ordnen Sie zu.

groß ~~billig~~ neu ~~teuer~~ breit schmal klein schön hell dunkel alt hässlich

 Das Haus ist
billig.

 Das Haus ist
teuer.

 Das Auto ist

 Das Auto ist

 Das Zimmer ist

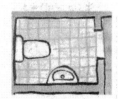 Das Zimmer ist

 Die Straße ist

 Die Straße ist

 Das Auto ist

 Das Auto ist

 Der Tag ist

 Die Nacht ist

Hinweis: Ziehen Sie eine Folie vom Spielfeld unten und legen Sie zwei verschiedene Sorten von Spielfiguren bereit (z.B. runde Chips und Spielfiguren oder Geldmünzen ...). Teilen Sie Ihren Kurs in zwei Teams. Jedes Team bekommt eine Sorte Spielfiguren. Team A beginnt je nach Aufgabenstellung (z.B. Wiederholung des Wortschatzes): *Das ist ein Zimmer*. Team B folgt: *Das ist eine Adresse* (Stein auf „Adresse") etc. Jedes Team versucht, fünf Steine fortlaufend entweder horizontal, vertikal oder diagonal zu setzen. Wer zuerst fünf Steine in einer Reihe hat, hat gewonnen. Man kann das Spiel ruhig wiederholen, es ergeben sich immer neue Konstellationen, sodass es nicht langweilig wird.

Dieses Spiel können Sie auch mit mehreren Gruppen spielen, z.B. indem Sie das Plenum in je drei Gruppen aufteilen: Gruppe A wiederholt den Wortschatz, Gruppe B wiederholt die Artikel, Gruppe C wiederholt die Pluralformen der Nomen. Jede Gruppe wird wieder in je zwei Teams unterteilt, die gegeneinander spielen.

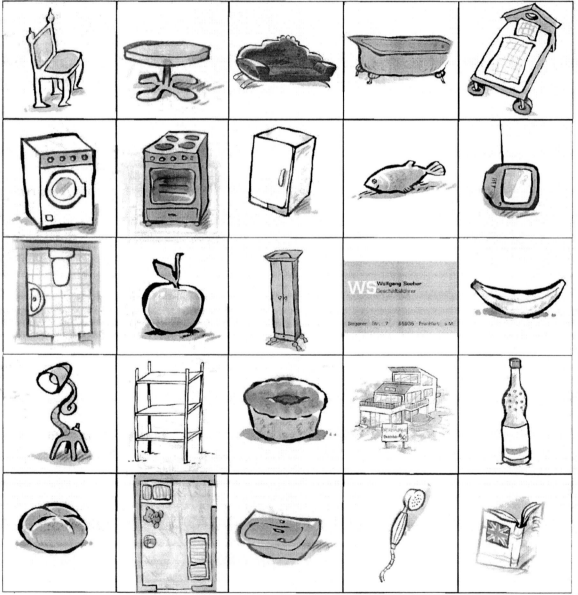

Schritte international 1, Lehrerhandbuch 02.1851 • © Hueber Verlag 2006

A

Spiel 1: Sie suchen eine 1-Zimmer-Wohnung für drei Monate. Sie können maximal 250 € pro Monat bezahlen. Sie hätten gerne einen Balkon. Informieren Sie sich.

▶
Ich suche ...
Ich hätte gerne ...
Wie groß ist die Wohnung?
Ich möchte nur bis ... Euro Miete bezahlen.
Die Wohnung ist zu groß/klein.
Die Wohnung gefällt mir (nicht).

Spiel 2: Sie vermieten Wohnungen. Eine Kundin / Ein Kunde kommt und möchte Informationen:
Sie/Er sucht eine 2-Zimmer-Wohnung mit ca. 50 m². Sie/Er möchte ca. 550 € bezahlen.
Sie/Er braucht eine große Küche, Garage und Balkon. Sie haben diese Wohnungsangebote:

▶
Ich habe hier eine Wohnung mit Balkon.
Wie viele Zimmer möchten/brauchen Sie?
Die Wohnung hat ... Quadratmeter.
Die Wohnung kostet ...
Die Wohnung hat eine große Küche ...

2-Zi-Wohnung: ruhige Lage, 55 qm, Balkon, Garage; Wohnküche, 560 €, Nebenkosten 40 €, 2 Monatsmieten Kaution, ab 1.12.	**Ferienwohnung** mit 2 Zimmern, 50 qm, Balkon, Angebot für 14 Tage: 500 Euro
2-Zi-Wohnung im Stadtzentrum, 49 qm, kl. Küche, große Garage, Preis: 520 € plus Nebenkosten, frei ab sofort	**Günstig!** Kleine 3-Zi-Wohnung mit Balkon, großer Küche, eigener Garage für nur 550 Euro plus Nebenkosten 50 Euro!

B

Spiel 1: Sie vermieten Wohnungen. Eine Studentin / Ein Student kommt und möchte Informationen:
Sie/Er sucht eine 1-Zimmer-Wohnung für drei Monate. Sie/Er möchte maximal 250 € pro Monat bezahlen. Sie/Er hätte gerne einen Balkon. Sie haben diese Wohnungsangebote:

▶
Ich habe hier eine Wohnung mit Balkon.
Die Wohnung kostet ...
Wie viele Zimmer möchten/brauchen Sie?
Die Wohnung hat ... Quadratmeter.
Der Balkon ist ...
Die Wohnung hat eine Einbauküche ...

Großes 1-Zi-Apartment, möbliert, 35 qm, Balkon, 380 Euro. Nähe Universität
1 Zimmer, Zeit: 1.5. - 31.7., kleiner Balkon, 240 Euro pro Monat
Möbliertes Zimmer (15 qm) zu vermieten, 1-4 Monate, 200 Euro. gute Lage
Kleine Wohnung **Nähe Uni:** Küche, Bad, ein Wohn-/Schlafraum, kleiner Balkon, 270 Euro pro Monat warm

Spiel 2: Sie suchen eine 2-Zimmer-Wohnung mit ca. 50 m². Sie möchten ca. 550 € bezahlen. Sie brauchen eine große Küche, Garage und Balkon. Informieren Sie sich.

▶
Ich suche ...
Ich hätte gerne ...
Ich möchte nur bis ... Euro Miete bezahlen.
Wie groß ist die Wohnung?
Die Wohnung ist zu groß/klein.
Die Wohnung gefällt mir (nicht).

1 **Richtig oder falsch? Lesen Sie die Texte und kreuzen Sie an.**

		richtig	falsch
a	Die Wohnung von Immo-Heinemann ist ganz oben.	☐	☐
b	Die Glaserstraße liegt nicht zentral.	☐	☐
c	Die Wohnung von Katrin hat zwei Zimmer.	☐	☐
d	Andrea wohnt im „Glaserhof".	☐	☐
e	Das Restaurant hat die Hausnummer 18.	☐	☐
f	Michaelas Wohngemeinschaft liegt im Erdgeschoss.	☐	☐
g	Michaela und Tina wohnen in der Glaserstraße 22.	☐	☐

2 **Hören Sie die Nachricht noch einmal. Was ist falsch? Streichen Sie durch.**

a ~~Herr Dürr ist zu Hause.~~ /
   Herr Dürr ist nicht zu Hause.

b Herr Dürr arbeitet bei der DILEDA-Versicherung. /
   Herr Niemann arbeitet bei der DILEDA-Versicherung.

c Die DILEDA-Versicherung hat eine neue Adresse. /
   Die DILEDA-Versicherung hat keine neue Adresse.

d Die DILEDA-Versicherung hat die Hausnummer 2. /
   Die DILEDA-Versicherung hat die Hausnummer 12.

e Die Versicherung hat das Büro im zweiten Stock. /
   Die Versicherung hat das Büro im vierten Stock.

f Das Haus ist modern. /
   Das Haus ist nicht modern.

Schritte international 1 Lehrerhandbuch 02 1851 • © Hueber Verlag 2006

Kopiervorlage L5/A1

Hinweis: Kopieren Sie die Vorlage und kleben Sie sie auf festen farbigen Karton. Schneiden Sie das Ziffernblatt und die Zeiger aus und machen Sie sowohl in das Ziffernblatt als auch in die beiden Zeiger ein Loch. Befestigen Sie die Zeiger mit einer Briefklammer, wie man sie zum Verschließen von gepolsterten Briefen benutzt. Fertig!

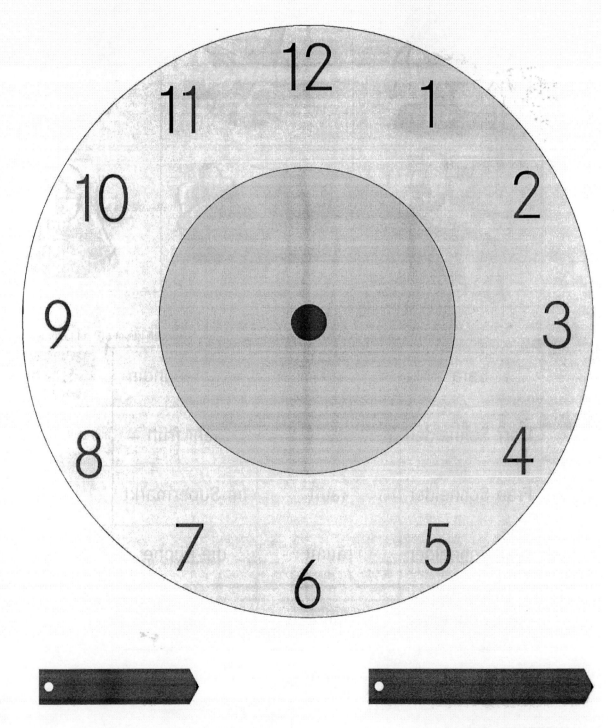

Hinweis: Kopieren Sie die Zeichnungen und die Sätze für Kleingruppen von 3–4 TN und schneiden Sie die Bilder und die Sätze einzeln aus. Stecken Sie für jede Gruppe die Zeichnungen und die Puzzlesätze in einen Briefumschlag. Die Gruppen leeren sie auf den Tisch und bilden zu jeder Zeichnung aus den Puzzleteilen einen passenden Satz.

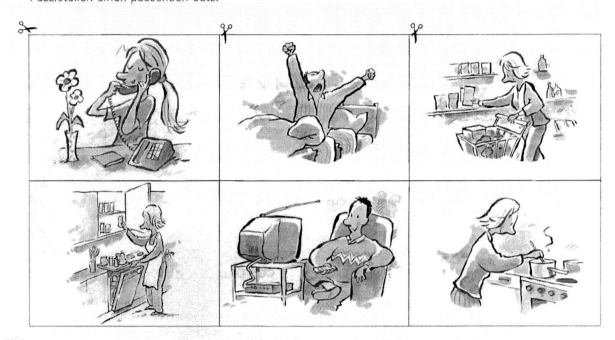

Sara	ruft	eine Freundin	an.
Herr Schneider	steht	sehr früh	auf.
Frau Schneider	kauft	im Supermarkt	ein
Frau Schneider	räumt	die Küche	auf.
Herr Schneider	sieht	fern.	
Frau Schneider	kocht	für die Familie.	

Antworten Sie.

1 Was machen Sie *jeden Morgen*?

Ich stehe *jeden Morgen* um .... Uhr auf.

Um .... Uhr frühstücke ich.

Ich esse .... und trinke ....

Ich höre ....

2 Was machen Sie *jeden Vormittag*?

Ich .... *jeden Vormittag* um .... Uhr.

Um .... Uhr ....

....

3 Was machen Sie *jeden Abend*?

Ich .... *jeden Abend* um .... Uhr

....

Um .... Uhr ....

....

4 Was machen Sie *jeden Montag*?

März 12 Montag

Ich .... *jeden Montag* ....

....

....

5 Was machen Sie *jeden Freitag*?

März 16 Freitag

Ich .... *jeden Freitag* um .... Uhr

....

Von .... bis .... Uhr ....

....

6 Was machen Sie *jedes Wochenende*?

März 17 Samstag *März 18 Sonntag*

Ich .... *jedes Wochenende*

um .... Uhr ....

Um .... Uhr ....

Von .... bis .... Uhr ....

Hinweis: Kopieren Sie die Vorlage für jede Kleingruppe einmal auf festen farbigen Karton und zerschneiden Sie die „Dominosteine".

zehn nach zwölf	7.04	kurz nach sieben	10.13
zehn Uhr dreizehn	10.30	zehn Uhr dreißig	17.20
zwanzig nach fünf	22.15	Viertel nach zehn	23.57
kurz vor zwölf	12.02	kurz nach zwölf	16.10
sechzehn Uhr zehn	3.45	Viertel vor vier	11.13
elf Uhr dreizehn	14.30	halb drei	9.35
fünf nach halb zehn	8.59	acht Uhr neunundfünfzig	6.43
sechs Uhr dreiundvierzig	15.15	Viertel nach drei	4.27
kurz vor halb fünf	18.33	achtzehn Uhr dreiunddreißig	0.45
Viertel vor eins	21.29	einundzwanzig Uhr neunundzwanzig	13.48
dreizehn Uhr achtundvierzig	19.30	halb acht	11.02
kurz nach elf	8.30	halb neun	0.10

Schritte international 1, Lehrerhandbuch 02.1851 • © Hueber Verlag 2006

Kopiervorlage „Zwischenspiel zu Lektion 5"

1   **Hören Sie das Gespräch noch einmal. Was ist richtig? Kreuzen Sie an.**

<u>a</u>   ☐ Anne ist eine Woche in Berlin.

☐ Anne ist nur einen Nachmittag und einen Abend in Berlin.

<u>b</u>   ☐ Rolf möchte Anne gern sehen, aber er hat nicht viel Zeit.

☐ Rolf möchte Anne nicht sehen.

<u>c</u>   ☐ Rolf hat nur am Mittag Zeit.

☐ Rolf hat nur am Abend Zeit.

<u>d</u>   ☐ Anne und Rolf gehen ins Kino.

☐ Anne und Rolf gehen essen.

2   **Hören Sie den Text und lesen Sie die Informationen. Welche Öffnungszeiten sind für Anne wichtig? Ergänzen Sie.**

	Wann?	Von wann bis wann?
<u>a</u> Fisch essen im KaDeWe		
<u>b</u> Reichstagskuppel		
<u>c</u> Schifffahrt		
<u>d</u> Brücke-Museum		*von 11 bis 17 Uhr*
<u>e</u> „Der Himmel über Berlin" im Imax-Kino		

3   **Arbeiten Sie mit einer Partnerin / einem Partner. Sie sind einen Tag in Berlin. Was machen Sie? Schreiben Sie.**

- im KaDeWe Fisch essen und einkaufen
- die Reichstagskuppel besuchen
- ins Brücke-Museum gehen
- mit dem Schiff eine Stadtrundfahrt machen
- ins Kino gehen
- ...

Um neun Uhr besuchen wir die Reichstagskuppel. Um ... Uhr ...

1 **Lesen Sie die Texte und markieren Sie mit Farben. Vergleichen Sie mit Ihrer Partnerin / Ihrem Partner.**

englische Wörter = blau

deutsche Wörter: Sie sind wie die englischen Wörter oder neue Wörter, die Sie aber verstehen können = grün

neue Wörter: Sie verstehen sie nicht und suchen sie in einem Wörterbuch = rot

A Klaus

Ich mache gern Sport – am liebsten im Wasser: Surfen, Schwimmen und auch Extremsport wie River Rafting und Canyoning. Das ist der Kick! Nächstes Wochenende lerne ich Tauchen.

B Ina

Ich bin Wintersport-Fan. Skifahren ist super! Ich habe normale Ski und auch ein Snowboard. Aber Langlauf gefällt mir nicht. Das ist langweilig und nur etwas für alte Leute. Auch im Sommer ist Fitness wichtig. Ich mache Yoga, gehe tanzen und jogge.

C Rudi

Ich mache sehr viel Sport: Fußball, Tennis, Motorsport, zum Beispiel Formel 1, Boxen, Eishockey. Ich bin bei allen Olympischen Spielen und bei allen Europa- und Weltmeisterschaften. Aber nur vor dem Fernseher!

2 **Was ist richtig? Kreuzen Sie an.**

<u>a</u> Klaus ist Wassersport-Fan. ☐

<u>b</u> Inas Lieblingssport ist Langlauf. ☐

<u>c</u> Rudi macht keinen Sport. ☐

3 **Lesen Sie die Erklärungen zu den Wörtern. Was meinen Sie? Wie heißen die Wörter in Ihrer Sprache? Vergleichen Sie mit Ihrem Wörterbuch.**

Meine Sprache

<u>a</u> tauchen = unter Wasser schwimmen und Fische sehen   ....

<u>b</u> Langlauf = Skifahren auf dem flachen Land   ....

<u>c</u> Weltmeisterschaft = Die besten Teams und Personen

möchten Medaillen gewinnen.   ....

Schritte international 1, Lehrerhandbuch 02.1851 · © Hueber Verlag 2006

Hinweis: Kopieren Sie die Vorlage mehrfach auf festen farbigen Karton, schneiden Sie die Kärtchen aus und geben Sie jeder Gruppe einen kompletten Spielsatz.

der Apfel die Banane die Orange die Tomate	**die Banane** die Orange die Tomate der Apfel	**die Orange** die Tomate der Apfel die Banane	**die Tomate** der Apfel die Banane die Orange
die Cola das Mineralwasser der Apfelsaft der Wein	**das Mineral-wasser** der Apfelsaft der Wein die Cola	**der Apfelsaft** der Wein die Cola das Mineralwasser	**der Wein** die Cola das Mineralwasser der Apfelsaft
der Herd die Waschmaschine der Fernseher der Kühlschrank	**die Waschmaschine** der Fernseher der Kühlschrank der Herd	**der Fernseher** der Kühlschrank der Herd die Waschmaschine	**der Kühlschrank** der Herd die Waschmaschine der Fernseher
der Schrank das Sofa der Tisch das Bett	**das Sofa** der Tisch das Bett der Schrank	**der Tisch** das Bett der Schrank das Sofa	**das Bett** der Schrank das Sofa der Tisch

Schreiben Sie.

a Frau Reimann trinkt nicht alles:

Sie trinkt ⬛ und ⬛ . Sie trinkt auch ⬛ . Sie möchte ⬛ .

sie trinkt keine Cola und

b Herr Braun hat Hunger.

Er isst ⬛ mit Käse und ⬛ . Er isst auch ⬛ , ⬛ und ⬛ .

c Niko hat nicht viele Möbel.

Er hat ⬛ und ⬛ , aber er hat ⬛ und auch ⬛ . Er hat aber zwei sehr schöne Stühle.

d Frau Hubers Wohnung ist sehr klein:

Die Wohnung hat ⬛ , ⬛ und ⬛ , aber sie hat ⬛ und ⬛ . Sie hat aber ⬛ .

e Herr Schuster hat fast alles.

Er hat ⬛ , ⬛ und auch ⬛ . Aber er hat ⬛ .

Kopiervorlage L6/D1

Ordnen Sie zu.

kochen   Musik hören   fernsehen   mit Freundinnen telefonieren   Fußball spielen
spazieren gehen   Sprachen lernen   Picknick machen   ins Kino gehen   Domino spielen

Kopiervorlage „Zwischenspiel zu Lektion 6"

1   Lesen Sie den Text „Freizeit-Terror". Was passt zusammen? Ordnen Sie zu.

a Was machen viele Leute von Montag bis Freitag?   Am Wochenende.
b Wann haben sie Zeit für ihre Hobbys   „Morgen ist Montag. Das ist gut! Dann arbeite
   und die Hausarbeit?   ich und habe keinen Freizeitstress."
c Wer hat vor allem „Freizeitstress"?   Sie arbeiten sehr viel.
d Was sagen manche Leute am Sonntagabend?   Besonders junge Leute haben das Problem.

2   Lesen Sie den Text über Monika und Michael Müller.

a Wer macht wann was? Kreuzen Sie an und ergänzen Sie.

	Monika	Michael	Monika und Michael zusammen	Wann? Am ...
1 aufräumen				*Samstagnachmittag*
2 Monikas Eltern besuchen				
3 einkaufen				
4 fernsehen				
5 frühstücken				
6 zum Friseur gehen				
7 joggen				
8 kochen				
9 das Auto putzen				
10 Tennis spielen				

b Schreiben Sie.

Am Samstagmorgen frühstücken Monika und Michael zusammen.

Dann geht Monika einkaufen. Michael ...

3   **Was machen Sie am Wochenende?**
a Zeichnen Sie Ihre Wochenendkurve.

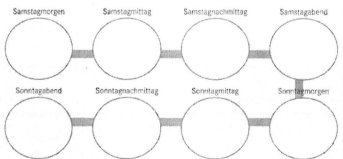

b Sprechen Sie mit Ihrer Partnerin / Ihrem Partner.

Schritte international 1 Lehrerhandbuch 02 1851 • © Hueber Verlag 2006

Antworten Sie.

Ich kann leider nicht ....

Im Sommer / Winter fahre ich nach .... in Urlaub.

Mein Lieblingshobby ist ....

Ich kann sehr gut .... tanzen.

Ich habe früher als .... gearbeitet.

Ich habe noch nie .... gegessen.

Ich habe .... Jahr / Jahre in .... gelebt.

Ich möchte gern .... kaufen.

Ich bin schon mal .... Kilometer gejoggt.

Lesen Sie den Brief und schreiben Sie ihn im Perfekt.

Liebe Anne,

wie geht es Dir? Mir geht es gut.

Ich mache in den Sommerferien einen Sprachurlaub in Berlin. Am Vormittag lerne ich Deutsch, wir spielen viele Spiele und hören deutsche Lieder. Das macht Spaß. Natürlich machen wir auch genug Grammatikübungen und schreiben viel. Ich lerne viele nette Leute kennen. Wir gehen am Nachmittag ins Café und machen zusammen Hausaufgaben. Ich fahre auch oft zum Wannsee. Am Abend tanze ich in Berlins Diskotheken.

Schreibst Du bald?

Viele Grüße
Francine

Liebe Anne,

wie geht es Dir? Mir geht es gut.

Ich habe in den Sommerferien einen Sprachurlaub in Berlin gemacht.

Kopiervorlage „Zwischenspiel zu Lektion 7"

1   **Hören Sie die Texte. Lesen Sie die Texte dann und ergänzen Sie.**

| Ach | Boah | Brr | Hey | Hopp | Igitt | Oh Gott | Oh - oh | Oje | Pfui | Ui |

a *Ui* .... !

■ Das habe ich heute gekauft.

▲ *Ui* .... ! Das ist ja toll!

b .... !

1 ■ Hmm! ... Lecker!

   ▲ .... ! Das ist meine Schokolade!

2 ■ Und was machen wir jetzt?"

   ● .... ! Ich weiß was!

c .... !

■ Hast du heute noch mal Deutsch gelernt?

▲ Nö, warum?

■ Du schreibst doch morgen einen Test, oder?

▲ .... ! Nein! Der Test!

d .... !

■ Äh ... Was kostet denn die Dose Cola?

▲ Zwei Euro fünfzig!

■ .... ! Ist das teuer!

e .... !

■ Du siehst müde aus.

▲ Ich kann seit Wochen nicht richtig schlafen.

■ .... !? Was ist denn los?

f .... !

■ .... ! Ist das kalt!

g .... !

■ Du, es ist schon nach acht Uhr ... !

▲ Ja ... ja ...

■ .... jetzt! Du gehst sofort ins Bett!

h .... !

■ Ein Kuchen und eine Tasse Kaffee. Das macht sieben Euro neunzig.

▲ Sieben-neunzig? Moment! Mein Geld! .... ! Ich habe kein Geld dabei!

i .... !

■ Du, ich kann heute leider nicht kommen. Ich bin krank.

▲ .... ! Das ist aber schade!

j .... !

■ Wie findest du den Salat?

▲ .... ! Der schmeckt ja schrecklich!

k .... !

■ Martin! Wie siehst du denn aus!?

▼ Ich habe Kartoffelsalat gegessen.

■ .... ! Geh' ins Bad und wasch' dir die Hände!

Hinweis: Sie brauchen pro Gruppe von 4–5 TN einen Kärtchensatz. Kopieren Sie die Kärtchen, schneiden Sie sie aus und kleben Sie sie auf Karton oder festes Papier. Mischen Sie die Kärtchen gut durch. Die TN legen sie verdeckt auf den Tisch. Wie bei dem bekannten Memory-Spiel werden immer zwei Kärtchen aufgedeckt. Passen Frage und Antwort zusammen, darf der TN sie behalten. Wenn nicht, müssen die Kärtchen wieder zugedeckt werden. Wer am Ende die meisten Frage-/Antwort-Kartenpaare hat, ist Sieger.

Wer ist das?	Das ist Koko.
Woher kommst du?	Aus der Schweiz.
Wie geht es Ihnen?	Danke, sehr gut.
Wie ist Ihre Adresse?	Gartenstraße 10, 50996 Köln.

Was sprecht ihr?	Deutsch und Türkisch.
Wo ist Anton geboren?	In München.
Wie heißen Sie?	Mein Name ist Andreas Zilinski.
Wie ist Ihre Telefonnummer?	069 / 18 12 20
Haben Sie Kinder?	Ja, meine Kinder heißen Tom und Lea.

A ⚀ ⚂ ⚄

1. Buchstabieren Sie Ihren Namen.

2. Antworten Sie bitte: ● Hast du die Telefonnummer 35 46 40?
   ■ ....

3. Wie ist Ihre Telefonnummer?

4. der .... / die .... / das .... :   Bitte sagen Sie drei Beispiele.

5. ■ Wie geht es Ihnen?   ▲ ....

6. Gina kommt aus England. Welche Sprache spricht sie?

7. Wie viel ist das? € 1,99 ' € 7,65 - € 2,81 = ?

8. ■ Das ist .... Kartoffel. ▲ Das ist doch .... Kartoffel, das ist .... Apfel!

9. ■ Die Küche gefällt mir.   ● Ja, ... ist sehr groß.

10. Woher .... du?

11. *heißen, sprechen, haben:* Ich ..., du ..., er/sie ..., wir ..., ihr ..., sie/Sie ...

12. .... – die Stühle   .... – die Toiletten   .... die Sofas.

13. Milch – ein Liter   Käse – ....   Joghurt – ....   Kaffee – ....

14. Ich nehme: zwei ... (Ei); fünf ... (Apfel) und vier ... (Tomate)

15. *ein* Apfel, *der* Apfel, *die* Äpfel: Ei, Tomate, Brötchen, Fisch

16. *haben, möchten, brauchen:* Ich ..., du ..., er/sie ..., wir ..., ihr ..., sie/Sie ...

17. ■ Wie .... Ihnen das Sofa?   ● Gut.

18. Machen Sie einen Satz: Das – zu – ist – Schlafzimmer – groß.

19. Name: .... name, ... name   Nummer: .... nummer   Zahl: .... zahl.

20. Nennen Sie fünf deutsche Städte.

Schritte international I, Lehrerhandbuch 02.1851 • © Hueber Verlag 2006

B ⚁ ⚃ ⚅

1. Zählen Sie von 20–30.

2. Wie heißt die Frage: ▪ .... ?
   ● Aus Polen.

3. 1111 – 2222 – 3333 – ... – ... – ...

4. Vater – Mutter / Bruder – Schwester / Sohn – .... ?

5. ein Haus, ... Apfel, ... Zimmer, ... Banane

6. Welche Sprachen sprechen Sie?

7. Sie suchen eine Waschmaschine. Was fragen Sie? ▪ .... ?
   ● 298 €.

8. Was ist im Klassenzimmer? Suchen Sie drei Möbel.

9. der Tisch – die .... das Waschbecken – die .... die Badewanne – die ....

10. Das .... meine Eltern.

11. groß – klein; teuer – ....; schön – ....; neu – ....; hell – ....

12. Das ist die Küche. .... ist neu. Das ist das Bad. .... ist hell. Das ist der Flur. .... ist breit.

13. Im Supermarkt kaufe ich: Wein, ..., ..., ..., ..., ...

14. Im Obst- und Gemüseladen: ▪ Was möchten Sie?
    ● Ich ....

15. *ein* Zimmer, *das* Zimmer, *die* Zimmer: Fernseher, Bett, Dusche, Kühlschrank

16. *sein, suchen, wohnen*: Ich ..., du ..., er/sie ..., wir ..., ihr..., sie/Sie ...

17. ▪ Was essen Sie gern? ● ....

18. Welche Farben kennen Sie?

19. Machen Sie einen Satz: Ihre – Wie – Adresse – ist?

20. „550 Euro Warmmiete". Wie ist die Frage: a) Was ist das?
                                               b) Wie viel kosten die Zimmer?
                                               c) Was kostet die Wohnung?

Wiederholung zu Lektion 5 und Lektion 6
Verbspirale

Hinweise:

Spieldauer: ca. 30–45 Minuten

1. Sie brauchen pro Kleingruppe von 3–4 TN je ein „Spielbrett", einen Zahlenwürfel, einen Pronomenwürfel (siehe S. 112), für jeden TN eine eigene Spielfigur und evtl. Süßigkeiten für die jeweiligen Gruppensieger. Die TN würfeln einmal reihum. Wer die höchste Zahl wirft, beginnt.
2. **Spielverlauf:** Die Augenzahl bestimmt, wie viele Felder der TN auf dem Spielbrett vorrücken darf, das gewürfelte Pronomen entscheidet über die Konjugation des Verbs. Noch nicht so geübte TN konzentrieren sich auf die Konjugation der Verben, gute TN bilden kurze Sätze mit der jeweiligen Verbform. Während des Spiels korrigieren sich die TN in der Gruppe gegenseitig.
    Ist die Verbform bzw. der Satz korrekt, darf der Spieler ein Feld vorrücken, hat er einen Fehler gemacht, muss er ein Feld zurück. Weiß der nächste Spieler im Uhrzeigersinn die richtige Lösung, darf dieser ein Feld vorrücken. Wurde die Spielfigur gesetzt, ist der nächste Spieler an der Reihe. Gewonnen hat, wer als Erster das Ziel erreicht. Die anderen Spieler würfeln weiter, bis alle die gesamte Strecke zurückgelegt haben oder die Spielzeit um ist. Der Gewinner jeder Gruppe erhält ggf. einen kleinen Preis. Gehen Sie herum und helfen Sie bei Unsicherheiten.

TIPP

Sind die Spielregeln einmal klar, können Sie das Spiel in angemessenen Abständen für neue Verbformen (z.B. Perfekt, Passiv …) einsetzen.

Schritte international I, Lehrerhandbuch 02.1851 • © Hueber Verlag 2006

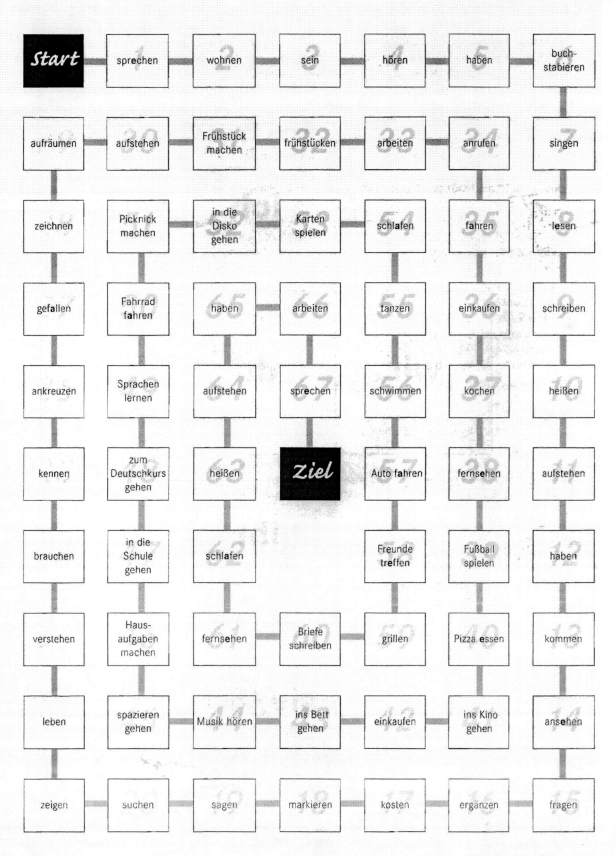

Start	1 sprechen	2 wohnen	3 sein	4 hören	5 haben	6 buch-stabieren
29 aufräumen	30 aufstehen	31 Frühstück machen	32 früstücken	33 arbeiten	34 anrufen	7 singen
28 zeichnen	37 Picknick machen	39 in die Disko gehen	38 Karten spielen	54 schlafen	35 fahren	8 lesen
27 gefallen	73 Fahrrad fahren	65 haben	66 arbeiten	55 tanzen	36 einkaufen	9 schreiben
26 ankreuzen	70 Sprachen lernen	64 aufstehen	67 sprechen	56 schwimmen	37 kochen	10 heißen
25 kennen	70 zum Deutschkurs gehen	63 heißen	Ziel	57 Auto fahren	38 fernsehen	11 aufstehen
24 brauchen	71 in die Schule gehen	62 schlafen		58 Freunde treffen	39 Fußball spielen	12 haben
23 verstehen	72 Haus-aufgaben machen	61 fernsehen	60 Briefe schreiben	59 grillen	40 Pizza essen	13 kommen
22 leben	spazieren gehen	Musik hören	45 ins Bett gehen	42 einkaufen	41 ins Kino gehen	14 ansehen
zeigen	suchen	19 sagen	18 markieren	17 kosten	16 ergänzen	15 fragen

Hinweis: Kopieren Sie die Vorlage mehrfach auf Karton oder festes Papier und schneiden Sie sie entlang der Außenränder aus. Knicken Sie die Vorlage dann so, dass die sechs Felder einen Würfel bilden und kleben Sie den Würfel an den Papierlaschen zusammen.

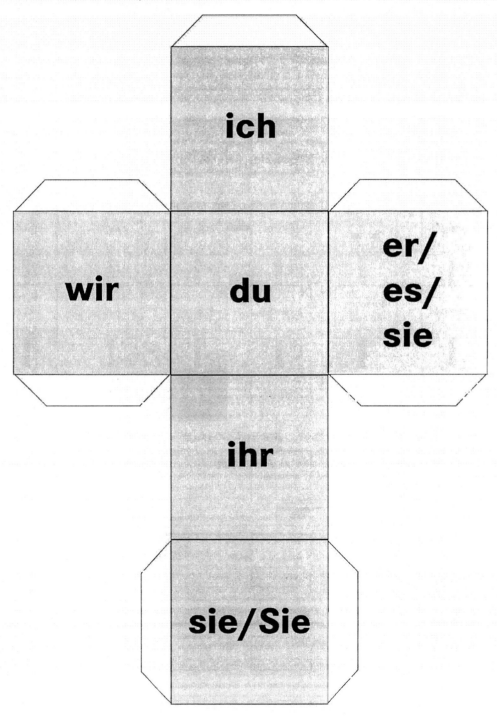

Schritte international 1, Lehrerhandbuch 02.1851 • © Hueber Verlag 2006

Wiederholungsspiel zu *Schritte international 1*
Würfelspiel

Hinweis: Sie brauchen für jeden Spieler eine Spielfigur sowie pro Gruppe einen Würfel und ein Spielbrett.

1. Kopieren Sie die Kopiervorlage für jede Kleingruppe von 3–4 TN auf ein DIN-A3-Papier oder auf farbigen Karton.

2. Die TN finden sich so zu Kleingruppen zusammen, dass geübtere und ungeübte TN in den Gruppen vertreten sind und sich gegenseitig helfen können. Greifen Sie ggf. bei der Gruppenbildung ein.

3. Die TN setzen ihre Figur auf den Startpunkt. Der erste Spieler würfelt und rückt mit seiner Figur entsprechend der gewürfelten Zahl vor. Befindet er sich auf einem Feld mit einer Frage, versucht er diese möglichst in ganzen Sätzen zu beantworten. Sind seine Mitspieler mit der Antwort einverstanden bzw. ist sie grammatikalisch richtig, darf er noch ein Feld vorrücken. Ist seine Antwort nicht zufriedenstellend bzw. grammatikalisch falsch, muss er ein Feld zurückgehen. Die Symbole auf den Feldern, die dann berührt werden, dürfen ignoriert werden.

4. Ereignisfelder: Pausenfelder signalisieren, dass der TN die nächste Runde einmal aussetzen muss. Dies gilt nicht, wenn er erst nach einer korrekt bzw. falsch beantworteten Frage auf ein Pausenfeld kommt. Würfelt ein Spieler und setzt er seine Spielfigur auf ein Feld, von dem eine Leiter nach oben führt, darf er in die nächste Reihe vorrücken und muss dort die entsprechende Frage beantworten. Weiter wie oben beschrieben. Bei Feldern, von denen eine Leiter hinabführt, gilt umgekehrt, dass der TN sofort in die untere Reihe absteigt und dann die Frage des entsprechenden Feldes beantworten muss.

5. Es dürfen auch mehrere Spielfiguren auf demselben Feld stehen, rauswerfen gilt nicht!

6. Wer zuerst das Ziel erreicht, hat gewonnen!
   Variante: Die TN können auch paarweise zusammen spielen und sich bei den Fragen beraten. Dann spielen pro Spielbrett zwei Paare gegeneinander. Diese Variante bietet sich aber nur dann an, wenn gewährleistet ist, dass sich alle TN gleichberechtigt am Spiel beteiligen.

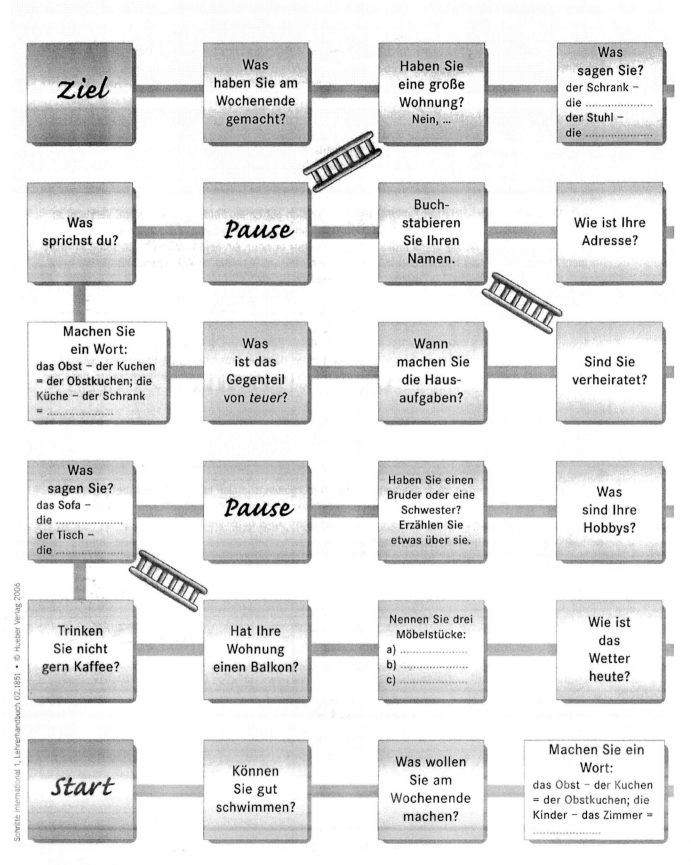

Ziel — Was haben Sie am Wochenende gemacht? — Haben Sie eine große Wohnung? Nein, ... — Was sagen Sie? der Schrank – die .... der Stuhl – die ....

Was sprichst du? — **Pause** — Buchstabieren Sie Ihren Namen. — Wie ist Ihre Adresse?

Machen Sie ein Wort: das Obst – der Kuchen = der Obstkuchen; die Küche – der Schrank = ... — Was ist das Gegenteil von *teuer*? — Wann machen Sie die Hausaufgaben? — Sind Sie verheiratet?

Was sagen Sie? das Sofa – die .... der Tisch – die .... — **Pause** — Haben Sie einen Bruder oder eine Schwester? Erzählen Sie etwas über sie. — Was sind Ihre Hobbys?

Trinken Sie nicht gern Kaffee? — Hat Ihre Wohnung einen Balkon? — Nennen Sie drei Möbelstücke: a) .... b) .... c) .... — Wie ist das Wetter heute?

Start — Können Sie gut schwimmen? — Was wollen Sie am Wochenende machen? — Machen Sie ein Wort: das Obst – der Kuchen = der Obstkuchen; die Kinder – das Zimmer = ...

Wiederholungsspiel zu *Schritte international 1*
Würfelspiel

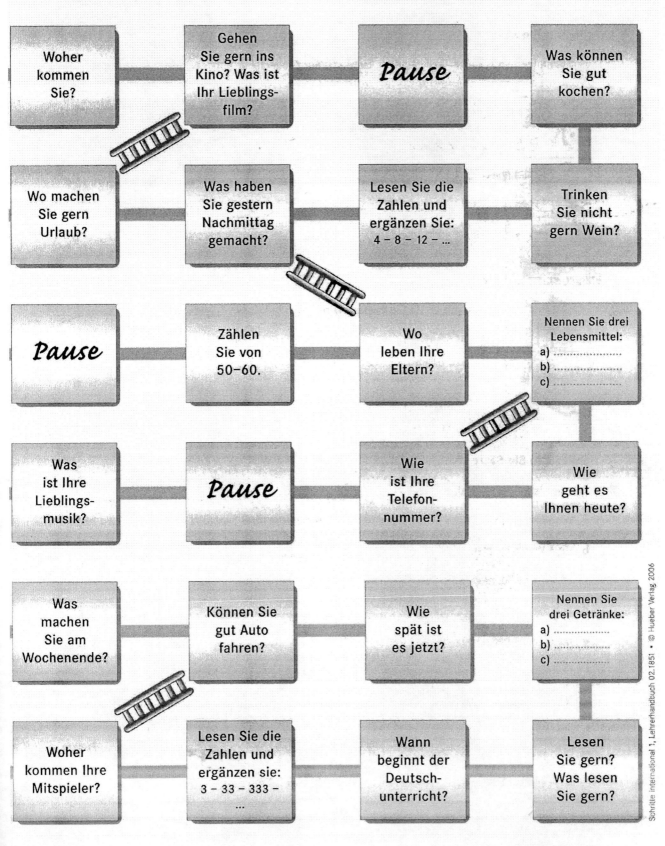

Woher kommen Sie?	Gehen Sie gern ins Kino? Was ist Ihr Lieblingsfilm?	*Pause*	Was können Sie gut kochen?
Wo machen Sie gern Urlaub?	Was haben Sie gestern Nachmittag gemacht?	Lesen Sie die Zahlen und ergänzen Sie: 4 – 8 – 12 – ...	Trinken Sie nicht gern Wein?
Pause	Zählen Sie von 50–60.	Wo leben Ihre Eltern?	Nennen Sie drei Lebensmittel: a) .... b) .... c) ....
Was ist Ihre Lieblingsmusik?	*Pause*	Wie ist Ihre Telefonnummer?	Wie geht es Ihnen heute?
Was machen Sie am Wochenende?	Können Sie gut Auto fahren?	Wie spät ist es jetzt?	Nennen Sie drei Getränke: a) .... b) .... c) ....
Woher kommen Ihre Mitspieler?	Lesen Sie die Zahlen und ergänzen sie: 3 – 33 – 333 – ...	Wann beginnt der Deutschunterricht?	Lesen Sie gern? Was lesen Sie gern?

Schritte international 1, Lehrerhandbuch 02.1851 • © Hueber Verlag 2006

Test zu Lektion 1

Name: ....

Schritte international 1, Lehrerhandbuch 02.1851 • © Hueber Verlag 2006

1 Ordnen Sie zu.

Guten Morgen   ~~Guten Tag~~   Hallo   Tschüs   Auf Wiedersehen   Guten Abend   Gute Nacht

 a *Guten Tag.* ....

 b ....

 c ....

 d ....

 e ....

Punkte ..... / 6

2 Schreiben Sie Sätze.

Beispiel: ist – Wer – ? – das   *Wer ist das?* ....

a bin – Ich – Lara – . ...

b du – Wer – ? – bist ....

c Frank – heiße – Ich – . ...

d komme – Berlin – aus – Ich – . ...

e du – ? – Woher – kommst ....

f Ich – aus – komme – der – Schweiz – . ...

g du – Was – sprichst – ? ....

h Ich – Spanisch – . – spreche ....

Punkte ..... / 8

Test zu Lektion 1

3 **Schreiben Sie die Fragen.**

Wer bist du?   Was sprichst du?   ~~Woher kommst du?~~   Wie heißen Sie?   Woher kommen Sie?
Wer ist das?

Beispiel: *Woher kommst du?* .... Ich komme aus der Schweiz.

a .... Das ist Sara.

b .... Ich heiße Martin Müller.

c .... Ich bin Klaus.

d .... Ich komme aus Russland.

e .... Ich spreche Polnisch.

Punkte ..... / 5

4 **Was sagen die Personen? Ergänzen Sie das Gespräch.**

■ Firma Teletec, Annette Huber, ...

▲ Guten Tag. .... Marteleira. Ist Herr Bachmann da?

■ Entschuldigung, Frau ... . ?

▲ Marteleira. .... : M-A-R-T-E-L-E-I-R-A

■ Ach ja. Ja, Frau Marteleira. Es tut mir leid, Herr Bachmann ist nicht da.

▲ Oh, gut, danke. ....

■ Auf Wiederhören.

Punkte ..... / 5

5 **Wie nennt man die Wörter? Schreiben Sie.**

CompuDesign

Martin Hofer
IT-Spezialist / Software-Entwickler

Ludwig-Erhard-Str. 10
D-20459 Hamburg
Tel.: 040 / 324 28 92
Fax: 040 / 324 28 99
E-Mail: hofer@compudesign.de

Land

Punkte ..... / 6

Insgesamt: .... / 30

Bewertungsschlüssel	
30 – 27 Punkte	sehr gut
26 – 23 Punkte	gut
22 – 19 Punkte	befriedigend
18 – 15 Punkte	ausreichend
14 – 0 Punkte	nicht bestanden

Test zu Lektion 2

1 **Ergänzen Sie.**

Beispiel: Hallo, Paul, *wo* wohnst du?

a .... geht es Ihnen?

d .... Kinder hat Kathrin?

b .... kommt Paolo?

e .... ist Ihre Telefonnummer?

c .... ist das?

f .... alt sind Ihre Kinder?

Punkte ..... / 3

2 **Schreiben Sie: *sie, er***

Beispiel: Das ist Vanessa. *sie* kommt aus Frankreich.

a Das ist Julius. .... wohnt in München.

b Das sind Kevin und Uta. .... leben in der Schweiz.

c Das sind meine Eltern. .... kommen aus Spanien.

d Das ist Petra. .... wohnt in Leipzig.

e Das ist mein Mann. .... kommt aus Tunesien.

Punkte ..... / 5

3 **Ergänzen Sie: *mein, meine***

Beispiel: Das ist *mein* Sohn Michael.

a Das ist .... Tochter Anna.

b .... Bruder heißt Markus.

c Ich habe zwei Kinder. .... Kinder sind acht und zehn Jahre alt.

d .... Eltern heißen Andreas und Isabel.

e Das ist Barbara, sie ist .... Schwester.

f .... Frau kommt aus den USA.

Punkte ..... / 3

Schritte international 1, Lehrerhandbuch 02.1851 • © Hueber Verlag 2006

Test zu Lektion 2

4 **Machen Sie Sätze.**

~~Ich~~ Sie	~~lebe~~ seid
Du	wohnt haben
Er Ihr Wir	kommt sprichst
~~in~~ in aus	Berlin. Türkisch.
drei Kinder.	~~Deutschland~~.
geschieden.	Frankreich.

Beispiel: Ich lebe in Deutschland.

a ....

b ....

c ....

d ....

e ....

Punkte ..... / 5

5 **Ergänzen Sie.**

Beispiel: Das ist Timo. Er *kommt* aus Finnland.

a Das ist Timo. Er *kommt* aus Finnland. Er .... Finnisch, Englisch und ein bisschen Deutsch.

Er .... an der Universität in Helsinki. Im Moment .... er in München.

b Marko und Hanna .... Timos Eltern. Sie .... in Finnland. Sie .... zwei

Kinder: Timo und Eva. Timos Großmutter Klara .... in Österreich geboren.

c Timos Freund .... Anton. Antons Geburtsort .... München.

d Timo fragt Corinna: „Und wer .... du? Wie .... du?"

e Corinna .... aus Wien. Das .... die Hauptstadt von Österreich.

Sie .... Antons Freundin.

Punkte ..... / 14

Insgesamt: .... / 30

Test zu Lektion 3

Name: ....

1   Welches Wort passt nicht? Streichen Sie das Wort durch.

Beispiel: Fleisch, Wurst, ~~Reis~~, Fisch

a   Banane, Salat, Apfel, Orange

b   Joghurt, Milch, Butter, Salz

c   Saft, Bier, Cola, Wasser

d   Schokolade, Brot, Kuchen, Brötchen

e   Käse, Fisch, Schokolade, Wein

f   Pfund, Liter, Dose, Gramm

Punkte ..... / 6

2   Was passt? Ergänzen Sie Timos Einkaufszettel.

1 *Kilo*	Kartoffeln
2	Joghurt
200	Käse
1	Salz
3	Mineralwasser
1	Öl

Punkte ..... / 5

3   Ergänzen Sie im Plural.

Beispiel: eine Banane   viele *Bananen*

a   ein Apfel   viele ....

b   eine Wurst   viele ....

c   ein Ei   viele ....

d   ein Hähnchen   viele ....

e   eine Kiwi   viele ....

f   ein Freund   viele ....

g   ein Mann   viele ....

h   eine Schwester   viele ....

i   ein Kind   viele ....

j   eine Großmutter   viele ....

Punkte ...... / 10

Schritte international 1, Lehrerhandbuch 02.1851 • © Hueber Verlag 2006

Test zu Lektion 3

4   **Schreiben Sie die Fragen.**

Beispiel:

■ Özdemir? *Ist das ein Vorname?* ....
● Nein, das ist ein Familienname.

a

● .... ?
■ Ein Apfel.

b

● .... ?
■ Nein. Er ist Boris.

c

● Guten Tag, Herr Müller. ....?
■ Nicht so gut.

d

● Ich heiße Antonia. Und ....?
■ Margit.

e

● .... Englisch?
■ Nein. Nur Chinesisch und ein bisschen Deutsch.

Punkte ..... / 5

5   **Auf dem Markt. Ergänzen Sie das Gespräch.**

■ Kann ich Ihnen helfen?
● Ich brauche Bananen. .... ?

■ Ja, natürlich. .... ?
● Ein Kilo, bitte.

■ Gern. Sonst noch was?
● Ja, ich brauche auch Orangen. .... ?

■ Ein Kilo kostet 1,99 Euro.
● Gut. Ich möchte zwei Kilo, bitte.

■ Ja, gern. Sonst noch was?
● Nein, danke. ....

Punkte ..... / 4

Insgesamt: .... / 30

Bewertungsschlüssel	
30 – 27 Punkte	sehr gut
26 – 23 Punkte	gut
22 – 19 Punkte	befriedigend
18 – 15 Punkte	ausreichend
14 – 0 Punkte	nicht bestanden

121   TEST ZU LEKTION 3

1 **Ergänzen Sie.**

der Balkon   ~~die Wohnung~~   die Toilette   das Wohnzimmer   das Bad   die Küche   das Schlafzimmer

Beispiel: Hier sind Zimmer: *die Wohnung*............

a Dort ist mein Bett: *das*........................

b Dort sind ein Waschbecken, eine Dusche und eine Badewanne: ....

c Dort ist kein Schrank, kein Bett, keine Maschine, aber vielleicht ein Stuhl und ein Tisch: ....

d Hier sind der Kühlschrank und der Herd: ....

e Nicht das Bad, aber <u>im</u> Bad: ....

f Hier sind der Fernseher, ein Sofa und ein Tisch: ....

Punkte ..... / 6

2 **Wie heißt das Gegenteil?**

Beispiel: Das Haus ist neu.   Das Haus ist *alt.*........................

a Das Haus ist billig.   Das Haus ist ....

b Die Wohnung ist groß.   Die Wohnung ist ....

c Das Kinderzimmer ist schön.   Das Kinderzimmer ist ....

d Der Balkon ist hell.   Der Balkon ist ....

e Der Flur ist breit.   Der Flur ist ....

f Die Küche ist nicht hässlich.   Die Küche ist ....

Punkte ..... / 6

3 **Wie heißen diese Möbel? Schreiben Sie.**

Beispiel:

Das *ist ein Fernseher.*.........................   *Er ist klein.*........................

a Das .... schön.

b Das .... groß.

Schritte international 1, Lehrerhandbuch 02.1851 • © Hueber Verlag 2006

c Das .... hässlich.

d Das .... klein.

e Das .... neu.

f Das .... schmal.

g Das .... alt.

Punkte ..... / 14

4 Sie brauchen noch Möbel. Wo rufen Sie an? Notieren Sie die Telefonnummern.

A 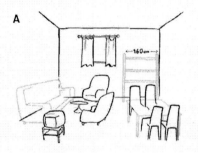   B

1 **Schlafzimmer** komplett, Schrank H 227 B 2,20, Bett 180x200, 3 Jahre alt, für € 900,-, 0170-5229386

2 **Wohnzimmerschrank** H 2 m B 2,80m 120 €; 2 Sessel 80 €, 0761/5574915

3 **Kleiderschrank**, 4-tür., H 2,38m B 2,40 m € 200,-; 07623/3184

4 **Esstisch**, 4 Jahre alt 45 €; Sofa € 35,-. 0172-6177465

5 **Regal** H 1,70 B 1,50 € 80 Tel. 0172-2169800

6 **Schreibtisch** 120 b/0,72 h/0,80 t Euro 50; Tel. 0170-933656

7 **Franz. Bett** aus Metall mit Matratze 120x200 € 160,- VHB. 0173-4485609

8 **Tisch (2,10x100)** 6 Stühle, breites Regal, alles zusammen € 300 VHB. 07663-5520

H/h = Höhe/hoch B/b=Breite/breit T/t=Tiefe/tief

Insgesamt: .... / 30

Tel: ....   Tel: ....

Tel: ....   Tel: ....

Punkte ..... / 4

Bewertungsschlüssel	
30 – 27 Punkte	sehr gut
26 – 23 Punkte	gut
22 – 19 Punkte	befriedigend
18 – 15 Punkte	ausreichend
14 – 0 Punkte	nicht bestanden

Test zu Lektion 5

Name: ....

1 **Wie spät ist es? Schreiben Sie.**

Beispiel: Es ist *zehn nach neun*.

a Es ist ....

d Es ist ....

b Es ist ....

e Es ist ....

c Es ist ....

f Es ist ....

Punkte ..... /6

2 **Was machen die Personen? Schreiben Sie.**

Beispiel: Robert *steht* um 7.20 Uhr *auf*.

a Sara ....

Timo ....

d Robert und Sofia

....

b Bruno ....

am Abend ....

e Tina .... die

Küche ....

c Tina .... im

Supermarkt ....

f Robert ....

am Morgen ....

Punkte ..... /6

Schritte international 1, Lehrerhandbuch 02.1851 • © Hueber Verlag 2006

Test zu Lektion 5

3   **Ergänzen Sie** *um, von ... bis, am* **und** *in der.*

Beispiel: _Von_ Montag *bis* Freitag geht Sara zur Schule.

a .... Wochenende schläft Sara lange.

b .... Sonntag frühstückt sie erst .... halb elf.

c .... halb drei kommt Niko zu Besuch.

d .... Nachmittag gehen alle zusammen ins Kino.

e Niko isst .... Abend bei Familie Schneider.

f Er geht .... halb zehn nach Hause.

g .... Nacht sieht Niko lange fern.

Punkte ..... / 8

4   **Bilden Sie Sätze.**

Beispiel: Wochenende – Robert – ~~am~~ – lange – schlafen.

        Am *Wochenende schläft Robert lange.*

a frühstücken – um – ~~Robert~~ – 8.30 Uhr – jeden Morgen

    Robert ....

b Robert – ~~um~~ – essen – Pizza – 12.30 Uhr

    Um ....

c ins Kino – am – gehen – Wochenende – ~~Robert und Sofia~~

    Robert und Sofia ....

d Nacht – spazieren – gehen – Robert und Sofia – ~~in der~~

    In der ....

e ~~jeden Tag~~ – Englisch – lernen – Robert

    Jeden Tag ....

Punkte ..... / 10

Insgesamt: .... / 30

Bewertungsschlüssel	
30 – 27 Punkte	sehr gut
26 – 23 Punkte	gut
22 – 19 Punkte	befriedigend
18 – 15 Punkte	ausreichend
14 – 0 Punkte	nicht bestanden

Test zu Lektion 6

Name: ....

1 Antworten Sie.

Beispiel:

Regnet es? *Nein, es regnet nicht. Es schneit.*

<u>a</u> Ist es bewölkt? ....

<u>b</u> Regnet es? ....

<u>c</u> Ist es kalt? ....

<u>d</u> Scheint die Sonne? ....

<u>e</u> Ist es warm? ....

Punkte ..... / 5

2 Ergänzen Sie.

Das	den	der	die	der	Den	Das	Der
	Der			den		das	

Beispiel: ■ Verzeihung, wo finde ich *den* Käse?
         ● *Der* ist gleich hier.

a ■ Entschuldigen Sie, wo finde ich .... Wein?

     ● .... ist gleich hier.

     ■ Und Mineralwasser?

     ● .... ist gleich dort.

     ■ Und der Apfelsaft? Wo ist .... ?

     ● .... finden Sie dort.

Schritte international 1, Lehrerhandbuch 02.1851 • © Hueber Verlag 2006

Test zu Lektion 6

b ■ Entschuldigung, wo finde ich .... Zucker? ■ Ach ja, haben Sie auch Bananen?

● .... ist gleich hier. ● Ja, ... sind gleich hier.

■ Und wo ist .... Salz?

● .... Salz haben wir dort drüben!

Punkte ..... / 10

3 Was passt? Tragen Sie die richtige Kombination in die Tabelle ein.

A Trinken Sie keinen Tee? a Doch, ich esse Fleisch.

B Möchten Sie ein Glas Wein? b Doch, ich esse gern Kuchen.

C Essen Sie gern Kuchen? c Nein, ich trinke keinen Tee.

D Trinken Sie keinen Wein? d Ja, ich esse gern Fleisch.

E Essen Sie keinen Kuchen? e Doch, ich trinke gern Wein.

F Möchten Sie eine Tasse Kaffee? f Ja, ich möchte einen Wein.

G Essen Sie kein Fleisch? g Nein, ich möchte keinen Kaffee.

H Essen Sie gern Fleisch? h Ja, ich esse gern Kuchen.

A	B	C	D	E	F	G	H
c							

Punkte ..... / 7

4 Was machen die Leute in ihrer Freizeit? Ergänzen Sie.

~~schreiben~~ lesen fahren machen schlafen spazieren gehen grillen tanzen treffen

Beispiel: Peter *schreibt* einen Brief.

a Stefan .... gern Bücher. b Tim .... mit Freunden Picknick.

c Martin .... Fahrrad. d Familie Mayer .... Würstchen.

e Karin .... am Sonntag bis 12 Uhr. f Tina .... am Wochenende Freunde.

g Sabine und Karsten .... gern Tango.

h Herr Schubert .... im Park ....

Punkte ..... / 8

Insgesamt: .... / 30

Bewertungsschlüssel	
30 – 27 Punkte	sehr gut
26 – 23 Punkte	gut
22 – 19 Punkte	befriedigend
18 – 15 Punkte	ausreichend
14 – 0 Punkte	nicht bestanden

Test zu Lektion 7

Name: ....

1   **Ergänzen Sie *können* und *wollen* in der richtigen Form.**

Beispiel: Sabine ist krank. Sie _kann_ heute nicht zur Schule gehen.

a Thomas hat gestern viel gearbeitet. Er .... heute lange schlafen.

b Frau Bachmann hört gern Musik. Sie .... am Wochenende ins Konzert gehen.

c Der CD-Spieler ist kaputt. Wir .... heute keine Lieder hören.

d Die Lehrerin ist krank. Sie .... heute keinen Unterricht machen.

e Ich habe viel Stress. Ich .... ein Anti-Stress-Seminar machen.

f Hast du heute Abend Zeit? .... wir zusammen ins Kino gehen?

g Du lernst schon lange Spanisch. .... du schon spanische Bücher lesen?

h Ich gehe jetzt einkaufen. Was .... du heute Abend essen?

i Susanne und Werner haben kein Geld. Sie .... kein Auto kaufen.

j Marion und Svetlana sind gute Freundinnen. Sie .... zusammen eine Wohnung suchen.

Punkte ..... / 10

2   **Ergänzen Sie *sein* oder *haben*.**

Beispiel: Heute Morgen *habe* ich viel Kaffee *getrunken* (trinken).

Gestern .... ich viel .... (machen). Zuerst ....

ich in die Schule .... (gehen).

Dort .... wir viel .... (schreiben) und viel

.... (lesen).

Am Nachmittag .... ich zu Karin .... (fahren).

Um 16 Uhr .... auch Niko .... (kommen) und wir .... im Park

.... (spazieren gehen). Dort .... wir Freunde

.... (treffen).

Am Abend .... wir alle zusammen .... (essen),

Musik .... (hören) und auch ein bisschen ....

(tanzen). Das .... viel Spaß .... (machen).

Heute Morgen .... ich dann lange .... (schlafen).

Punkte ..... / 13

Schritte international 1, Lehrerhandbuch 02.1851 • © Hueber Verlag 2006

Test zu Lektion 7

3   Was machen Sie im Deutschkurs? Schreiben Sie Sätze.

Beispiel: *Wir hören und kreuzen an.*

a ....

b ....

c ....

d ....

e ....

f ....

g ....

Punkte ..... / 7

Insgesamt: .... / 30

Bewertungsschlüssel	
30 – 27 Punkte	sehr gut
26 – 23 Punkte	gut
22 – 19 Punkte	befriedigend
18 – 15 Punkte	ausreichend
14 – 0 Punkte	nicht bestanden

Lektion 1   Guten Tag. Mein Name ist …

Folge 1: *Koko*

Koko: Ooohh, ooohhh, ha, ha, Koko! Koko! Koko!
Ha-ha-ha-ha! Telefon! Telefon!

Anton: Oh! Telefon!
Äh, Moment mal bitte, Timo.
Timo: Ja, gut, Anton!
Koko: Hallo! Hallo?
Timo: Hä? Was? Wer ist das?
Koko: Ha! Haha! Guten Tag! Guten Tag!

Timo: Ja, hallo!
Koko: Hallo! Guten Tag!
Timo: Hallo! Wer bist du?
Koko: Wer bist du? Wer bist du? Wer bist du!?
Timo: Ich heiße Timo. Ich heiße Timo, Ti-mo.
Koko: Haha! Sooo?! Tii – Moo? Tiiiii – Mo?
Timo: Ja! Stimmt! Und wer bist du?
Koko: Ich heiße Tiii – Moo! Ti-mo!
Timo: Nein! Stopp!

Timo: Ich bin Timo! Ich heiße Timo! Und wie heißt du?
Koko: Koko! Koko! Kokooo!
Timo: Aah! Du heißt Koko?!
Koko: Koko! Koko! Haha! Du heißt Koko!
Timo: Nein. Ich bin Timo. Ich heiße Ti mo. Du bist Koko.
Koko: Du bist Koko!
Timo: Nein! Timo! Tee – Ihh – Emmm – Oohh: Ti-mo!
Koko: Timo! … Timo!
Timo: Richtig!

Timo: Ich komme aus Finnland.
Und du? Woher kommst du? Aus Amerika?
Koko: Tante Erika! Tante Erika!
Timo: Was?
Koko: Was? Waaas? Sprechen Sie Deutsch?
Timo: Hey!!!

Koko: Hä? Hä? Sprechen Sie Deutsch?
Timo: Ja, Koko. Ich spreche Deutsch.
Koko: So?
Timo: Ich spreche Finnisch und Englisch und ein bisschen Deutsch.
Anton: Also dann: Auf Wiederhören! Ja, ja. Tschüs!
Koko: Aha, aha. Soooo? Ein bisschen, bisschen, bisschen!

Anton: Hey! Koko! Hey!!!

Koko: Das ist Timo! Ti-mo! Auf Wiederhören! Tschüs! Auf Wiederhören! Tschüs!

Schritt A   A1
Timo: Hallo.
Koko: Guten Tag.
Timo: Tschüs.
Koko: Auf Wiedersehen.

Schritt A   A2
vgl. Kursbuch Seite 10

Schritt B   B2
vgl. Kursbuch Seite 11

Schritt C   C1
vgl. Kursbuch Seite 12

Schritt C   C3
Reporter: Hallo! Ich bin Lars von Radio „Multi-Kulti". Und wie heißt du?
Junge: Ali.
Reporter: Woher kommst du, Ali?
Junge: Aus der Türkei.
Reporter: Du sprichst aber gut Deutsch. Und du? Wer bist du?
Mädchen: Ich bin Renan. Ich spreche auch Deutsch und Türkisch.
Reporter: Aha. Und was macht ihr …

Reporter: … ah ja, interessant. … Woher kommen Sie, Herr Taylor?
Amerikaner: Aus den USA, aus Chicago.
Reporter: Sie sprechen aber gut Deutsch.
Amerikaner: Nein, nein, nur ein bisschen. Der Film ist zum Glück auf Englisch.
Reporter: Und welchen Film sehen Sie sich …

Schritt D   D1
vgl. Kursbuch Seite 13

Schritt D   D4
vgl. Kursbuch Seite 13

Schritt E   E2
Frau Kremser: Familienname, Vorname, Straße, Stadt, Land … So! Hier, bitte, das Anmeldeformular …
Rezeptionist: Ahh! Vielen Dank, Frau Tremser?
Frau Kremser: Wie bitte?
Rezeptionist: Tremser? Ihr Familienname ist Tremser, richtig?
Frau Kremser: Nein, nein, ich heiße Kremser.
Rezeptionist: Oh, Entschuldigung. Also mit K?
Frau Kremser: Richtig: Kremser, K-R-E-M-S-E-R.
Rezeptionist: Ah ja, klar. Und Ihr Vorname ist Marta?
Frau Kremser: Nein!
Rezeptionist: Nein?
Frau Kremser: Ich heiße Maria. Maria! M-A-R-I-A
Rezeptionist: Ach so, gut! Maria Kremser.
Frau Kremser: Richtig.
Rezeptionist: Und Sie kommen aus Liechtenstein, Frau Kremser?
Frau Kremser: Ja!
Rezeptionist: Aus Schwan?
Frau Kremser: Nein, nicht aus Schwan! Aus Schaan! Die Stadt heißt Schaan! S-C-H-A-A-N!
Rezeptionist: Aus Schaan, richtig?
Frau Kremser: Richtig!
Rezeptionist: Und die Straße? Obergasse 10?

Hörtexte Kursbuch

Frau Kremser: Ja!
Rezeptionist: Gut! Vielen Dank, Frau Kremser.
Frau Kremser: Puh!
Rezeptionist: Frau Kremser?
Frau Kremser: Ja? Was denn noch?
Rezeptionist: Ich wünsche Ihnen einen schönen Tag ...
Frau Kremser: Danke!

Zwischenspiel 1 *Grüezi! Guten Tag! Grüß Gott!*

Wer ist das? Wer ist das?   Das ist Herr Meier. Aah?
Wie heißen Sie? ... heißen Sie?   Ich heiße Meier. Ja!
Wer sind Sie? Wer sind Sie?   Ich bin Herr Meier.

Ich bin Hans Joachim Meier   und ich komm' aus Deutschland.
Ich bin Hans-Joachim Meier   und ich spreche Deutsch.

Guten Tag, Herr Meier!   Guten Morgen!
Guten Abend!   Guten Tag, Herr Meier,
und auf Wiederseh'n!

Wer ist das? Wer ist das?   Das ist Frau Bärtschi. Aah?
Wie heißen Sie? ... heißen Sie?   Ich heiße Bärtschi. Ja!
Wer sind Sie? Wer sind Sie?   Ich bin Frau Bärtschi.

Ich bin Magdalena Bärtschi   und komme aus der Schweiz.
Ich bin Magdalena Bärtschi   und spreche Schwyzerdütsch.

Grüeziwohl, Frau Bärtschi!   Guete Morge!
Gueten Obig!   Grüeziwohl, Frau Bärtschi,
und auf Wiederseh'n!

Wer ist das? Wer ist das?   Das ist Frau Pöltl. Aah?
Wie heißen Sie? ... heißen Sie?   Ich heiße Pöltl. Ja!
Wer sind Sie? Wer sind Sie?   Ich bin Frau Pöltl.

Ich bin Alexandra Pöltl   und komm' aus Österreich.
Ich bin Alexandra Pöltl   und ich spreche Deutsch.

Grüß Gott, Frau Pöltl!   Guten Morgen!
Guten Abend!   Grüß Gott, Frau Pöltl,
und auf Wiedersehen!

Wer ist das? Wer ist das?   Das ist Koko. Aah?
Wie heißt du? Wie heißt du?   Ich heiße Koko. Ja!
Wer bist du? Wer bist du?   Ich bin Koko.

Ich bin Koko, ich bin Koko   und ich spreche Deutsch
Du bist Koko, du bist Koko   und du sprichst Deutsch.

Hallo, Koko! Hallo, Koko!   Guten Morgen!
Guten Abend!   Hallo, Koko! Hallo, Koko!
Und auf Wiederseh'n!   Tschüüüs!
JAAAA!?

Lektion 2 Familie und Freunde
Folge 2: *Langen-Zerrsdorf?*

Timo: Wer ist das, Anton? Ist sie das? Ist das Corinna?
Anton: Was? Ja, ja, das ist Corinna.
Timo: Wow! Sie ist hübsch!
Anton: H-hmm.
Timo: Wohnt sie auch in München?
Anton: Ja, ja. Sie wohnt in der Baaderstraße.
Du, sag mal, Timo ...
Timo: Hmm? Was?
Anton: Tee oder Kaffee?
Timo: Kaffee, bitte.

Anton: Also! Corinna, das ist mein Freund Timo aus Finnland. Timo, das ist Corinna. Moment, bitte!
Timo: Hallo, Corinna!
Corinna: Hallo, Timo! Na, wie geht's?
Timo: Danke, sehr gut, und dir?
Corinna: Danke! Leiwand!
Timo: Wie bitte? Leiwand?
Corinna: Leiwand, no, das is': klasse.
Timo: Was?
Anton: Es geht ihr sehr gut!
Timo: Ach so!?
Anton: Corinna kommt aus Wien, verstehst du?
Timo: Was!? Du kommst aus Österreich?
Corinna: Ja. Was ist?
Timo: Moment!
Corinna: Ich komm' aus Österreich, na und?
Anton: Hhmm, Timo?!
Timo: Ja ja ... Moment, bitte!

Timo: Schau mal, Corinna.
Corinna: Ja? Wer ist denn das?
Timo: Das ist meine Großmutter Klara.
Corinna: Aha!?
Timo: Klara ist in Österreich geboren ...
Corinna: Ah wa'!!?? In Österreich?
Timo: Ja!
Corinna: Hey! Das is' int'ressant!
Timo: Ähm, in, äh, Langen, äh, Langenzersdorf
Corinna: Was? Wie heißt das?
Timo: Langen-ZERRSdorf ...
Corinna: Bitte!? Wo ist denn das?

Timo: Moment, Österreich, Wien, aha. Ah! Langen-ZERRSdorf!
Corinna: Hahaha!
Timo: Hm? ... Was ist?
Corinna: Timo, das heißt nicht Langen-ZERRSDORF.
Timo: Nein?
Corinna: Das heißt LangENzersdorf! Langenzersdorf, verstehst du?
Timo: Ach so!

Corinna: Ah! Sind das deine Eltern?
Timo: Ja. Das sind meine Eltern.
Corinna: Aha! Und wer ist das?
Timo: Das ist meine Schwester.

Corinna: Wie heißt sie?
Timo: Meine Schwester heißt ...
Anton: Eva! Sie heißt Eva!
Corinna: So? Aha! Und wo lebt ihr?
Timo: Ich studiere an der Universität in Helsinki und lebe auch in Helsinki.
Corinna: So? Und wo wohnt deine Familie?
Timo: Meine Familie wohnt in ... Moment mal ... Finnland, Finnland ... Aahh!

Corinna: Rovanimi ...
Anton: Rovaniemi ... Die Stadt heißt Ro-va-niemi.
Corinna: Ah wa'?
Timo: Ja. Meine Familie lebt in Rovaniemi.

Corinna: Ro-va-NIEMI!
Anton: Guut! Jetzt du, Timo!
Timo: LangENZERSdorf.
Anton: Guut!
Timo: Nein! Stopp!
Anton/
Corinna: Nein??? ... Nicht gut?
Timo: Nein: ... Leiwand!

Schritt A   A1
1 Anton: Wie geht's?
  Timo: Super.
2 Corinna: Wie geht's?
  Timo: Danke, sehr gut.
3 Mann: Wie geht's?
  Timo: Gut, danke.
4 Frau: Wie geht's?
  Timo: Na ja, es geht.
5 Mann: Wie geht's?
  Timo: Ach, nicht so gut.

Schritt A   A2
vgl. Kursbuch Seite 20

Schritt B   B1
A Anton: Corinna, das ist mein Freund Timo aus Finnland. Timo, das ist Corinna.
  Corinna/
  Timo: Hallo!
B Timo: Das ist meine Großmutter Klara. Klara ist in Österreich geboren.
C Timo: Das ist meine Familie. Das sind meine Eltern. Mein Vater heißt Marko, meine Mutter heißt Hanna. Das ist meine Schwester Eva.

Schritt B   B2
A Rebecca: Ach, hallo, Simon. Wie geht's?
  Simon: Hallo, Rebecca.
  Rebecca: Simon, das ist meine Familie: Das ist mein Mann Holger ...
  Simon: Hallo!
  Holger: Hallo!

Rebecca: ... und das sind meine Kinder: Mein Sohn Manuel und meine Tochter Lea.
Manuel: Hi!
Lea: Hallo!
Simon: Freut mich.
B Jens: Hallo, Herr Bauer.
  Herr Bauer: Hallo, Jens.
  Jens: Das sind meine Geschwister. Das ist mein kleiner Bruder Markus.
  Herr Bauer: Hallo, und du bist also Jens kleine Schwester ...
  Marlene: Ja, ich heiße Marlene.
  Herr Bauer: Ah ja. Und das sind sicher deine Großeltern.
  Jens: Genau, das sind Oma und Opa.
  Herr Bauer: Ja, dann kenne ich ja nun fast deine ganze Familie.

Schritt C   C1
Anton: Das ist Corinna. Sie kommt aus Wien. Das ist die Hauptstadt von Österreich. Sie wohnt jetzt in München, in der Baaderstraße.

Timo kommt aus Finnland. Er studiert in Helsinki. Aber er wohnt im Moment in München. Timos Eltern leben in Finnland, sie heißen Marko und Hanna.

Schritt C   C3
vgl. Kursbuch Seite 22

Schritt D   D1
vgl. Kursbuch Seite 23

Schritt D   D2
a Die gewünschte Rufnummer lautet 13 16 20. Die Vorwahl lautet ...
b Die gewünschte Rufnummer lautet 19 16 10. Die Vorwahl lautet ...
c Die gewünschte Rufnummer lautet 19 15 12. Die Vorwahl lautet ...

Schritt D   D3
vgl. Kursbuch Seite 23

Schritt E   E1
a Hallo! Mein Name ist Winkler, Hanne Winkler. Mein Mann und ich leben seit zwei Jahren hier in Hamburg. Uns geht's sehr gut. Sven ist Computerspezialist und ich bin Produktmanagerin. Wir haben keine Kinder. Aber ich bin auch erst 30.
b Hi. Ich bin Simon Schmidt. Ich komme aus Berlin, aber seit sechs Monaten studiere ich in Kanada. Ich finde es sehr schön hier in Montreal und ich habe auch schon viele Freunde. Ach ja, und eine sehr nette Freundin.
c Servus! Ich wohne in Wien. Das ist super. Hier ist immer etwas los. Ach ja, ich heiße Thomas Gierl. Ich bin noch ledig, leider.
d Grüezi! Ich heiße Margit Ehrler und wohne in der Schweiz, in Zürich. Mein Mann Karl und ich leben schon lange hier. Wir haben einen Sohn. Er ist zwölf Jahre alt und heißt Jakob, und wir haben auch eine Tochter. Sie heißt Lisa und ist noch ein Baby.

Lektion 3 Essen und Trinken
Folge 3: *Erdäpfel*

Timo: Ja? Ah! Hallo, Corinna! Ja? H-hm. Was brauchst du? Erdäpfel? Erdäpfel. Was? Ein Problem? Nein, nein, Corinna, aber das ist doch kein Problem! Äh, Moment! Wie viele Erdäpfel brauchst du? Aha! Zwei Kilo? Okay! Also, ich kaufe zwei Kilo. Jajaja. Tschüs! Erdäpfel ... Erdäpfel ... Zwei Kilo Erdäpfel ...

Timo: Erdäpfel ... zwei Kilo, so!

Marktfrau: Kann ich Ihnen helfen?
Timo: Ja, vielleicht. Ich brauche, äh, Erdäpfel. Haben Sie Erdäpfel?
Marktfrau: Erdäpfel? Natürlich. Wie viel möchten Sie?
Timo: Zwei Kilo, bitte.
Marktfrau: Zwei Kilo? Gerne.

Timo: Moment mal, bitte!
Marktfrau: Ja?
Timo: Das ist doch kein Apfel, oder?
Marktfrau: Wie bitte?
Timo: Das ist kein Apfel. Das ist eine Kartoffel.
Marktfrau: Ja, natürlich!
Timo: Ich möchte Äpfel.
Marktfrau: Ach so! ... Na bitte!

Timo: Aha! ... Ja, ... das sind Äpfel! Zwei Kilo Erdäpfel. Erd-Äpfel? Sind das Erd-Äpfel?
Marktfrau: Erdäpfel?
Timo: Ja! Ich brauche zwei Kilo Erdäpfel.
Marktfrau: Also doch!

Timo: Nein! Keine Kartoffeln! Erdäpfel!
Marktfrau: Junger Mann! Erdäpfel sind Kartoffeln! Verstehen Sie?
Timo: Was? Nein? Das verstehe ich nicht.
Marktfrau: In Österreich heißen sie Erdäpfel, in Deutschland sagt man Kartoffeln.
Timo: Ach so! Ja, richtig: Corinna kommt aus Österreich!
Marktfrau: Aha! Na, sehen Sie! Sonst noch was?
Timo: Nein danke. Oder doch! Was kosten denn die Äpfel?
Marktfrau: Ein Kilo kostet einen Euro neunundneunzig.

Corinna: Hallo, Timo! Na? Hast du die Erdäpfel?
Timo: Natürlich! Hier bitte: zwei Kilo Erdäpfel.
Corinna: Super! Aber, Timo, das sind doch keine Erdäpfel! Das sind Äpfel. Ich brauche Erdäpfel! Kartoffeln! Verstehst du?

Timo: Kartoffeln? Kein Problem! Bitte schön! Kartoffeln habe ich auch.

Schritt A   A1
Timo: Das ist doch kein Apfel, oder?
Marktfrau: Wie bitte?
Timo: Das ist kein Apfel, das ist eine Kartoffel.
Marktfrau: Ja, natürlich.

Timo: Äh, wie heißt das auf Deutsch? Brot?
Corinna: Nein, das ist kein Brot. Das ist ein Brötchen.

Schritt B   B1
a Timo: Ich möchte zwei Kilo Äpfel.
Timo: Zwei Kilo Erdäpfel. Erdäpfel. Sind das Erdäpfel?
Marktfrau: Erdäpfel?
Timo: Ich brauche zwei Kilo Erdäpfel!
Marktfrau: Also doch!
Timo: Nein! Keine Kartoffeln! Erdäpfel!
Marktfrau: Junger Mann! Erdäpfel sind Kartoffeln!

b Timo: Ich brauche auch Tomaten, ein Kilo, bitte.
Marktfrau: Hier bitte.
Timo: Ja, und dann brauche ich noch Brötchen. Äh, wo bekomme ich Brötchen?
Marktfrau: Die kriegen Sie gegenüber bei Bäcker Riedel. Sehen Sie mal, da:
Timo: Ah ja, danke.

Schritt C   C1
Marktfrau: Kann ich Ihnen helfen?
Timo: Ich brauche Äpfel. Haben Sie Äpfel?
Marktfrau: Ja, natürlich. Wie viel möchten Sie?
Timo: Zwei Kilo.
Marktfrau: Gern. Sonst noch etwas?
Timo: Ich brauche Tomaten. Haben Sie Tomaten?

Schritt D   D1
vgl. Kursbuch Seite 33

Schritt D   D2
a Kunde: Grüß Gott!
Fräulein: Guten Tag! ... Bitte schön?
Kunde: Eine Semmel ...
Fräulein: Wie bitte?
Kunde: Eine Semmel möcht' ich.
Fräulein: Sie meinen: ein Brötchen?
Kunde: Jaja ...
Fräulein: Hier bitte ...
Kunde: Danke.
Fräulein: Sonst noch etwas?
Kunde: Nein. ... Nur eine Semmel.
Fräulein: 35 Cent, bitte ... Danke schön!
Kunde: Auf Wiederschaun!
Fräulein: Auf Wiedersehen!

b Kunde: Na, was ist? Haben wir jetzt alles?
Kundin: Nein. Wir brauchen noch Eier.
Kunde: Eier? Hm. Hier bitte! Hier hast du Eier!
Kundin: Nee, nee! Das sind ja Bio-Eier!
Kunde: Na und? Eier sind Eier ...
Kundin: Nee, die sind zu teuer!
Kunde: Zu teuer?
Kundin: Was kosten die denn?
Kunde: Einen Euro sechsundsiebzig.
Kundin: Na ja ... das geht ...
Kunde: Na? Haben wir jetzt alles? ...
Kundin: Ja, ja, ja ...

25 ... ist ... sind ..., ... haben ... sind ..., ... haben ..., ... ist ... habe ... – ... bist ...

26 **a** gefrühstückt **b** gefunden **c** gegangen **d** gefahren **e** getrunken **f** gelebt **g** gekommen

27 **a** hat **b** ist **c** ist **d** hat **e** hat **f** hat **g** ist **h** ist

28 *Musterlösung:* Am Sonntag habe ich bis 8 Uhr geschlafen. Dann habe ich gefrühstückt. Am Nachmittag bin ich nach ... gefahren und ins Schwimmbad gegangen. Um 17 Uhr bin ich nach Hause gefahren. Ich habe ein bisschen gelesen. Am Abend habe ich dann noch gekocht.

29 *Musterlösung:* Liebe ..., Lieber ..., wie geht es Dir? Ich bin in Österreich, in Wien. Dort mache ich einen Deutschkurs. Der Kurs ist toll. Am Wochenende gehe ich italienisch essen. Die anderen Schüler kommen mit. Danach wollen wir in ein Musical gehen. Leider ist das Wetter heute schlecht und es regnet. Viele Grüße Deine ... / Dein ...

E

30 Lehrer, lustig, Wörter, Spiele, der Gruppe/Gruppen, lesen, Park, Abend, Kino, Disko, Computer, Zeitung, schreibst

31 *Musterlösung:* Keiner hat gearbeitet, niemand hat gelernt, der Lehrer hat geschlafen, zwei Schüler haben Fußball gespielt, ein Schüler hat Walkman gehört, ein Schüler hat gegessen und getrunken, ein Schüler hat einen Brief geschrieben, zwei Mädchen haben geredet, ein Mädchen hat eine CD gehört, ein Junge hat Zeitung gelesen und ein Junge hat eine SMS geschrieben.

Lösungen zu den Tests

Test zu Lektion 1

1 <u>a</u> Guten Tag. Hallo. <u>b</u> Guten Morgen. <u>c</u> Gute Nacht.
<u>d</u> Guten Abend. e Auf Wiedersehen. – Tschüs.

2 a Ich bin Lara. <u>b</u> Wer bist du? <u>c</u> Ich heiße Frank. <u>d</u> Ich
komme aus Berlin. e Woher kommst du? <u>f</u> Ich komme aus
der Schweiz. g Was sprichst du? <u>h</u> Ich spreche Spanisch.

3 <u>a</u> Wer ist das? <u>b</u> Wie heißen Sie? <u>c</u> Wer bist du? <u>d</u> Woher
kommen Sie? e Was sprichst du?

4 ■ Firma Teletec, Annette Huber, guten Tag. ▲ Guten Tag.
Mein Name ist Marteleira. Ist Herr Bachmann da?
■ Entschuldigung, Frau ... Wie ist Ihr Name? ▲ Marteleira.
▲ Ich buchstabiere: M a r t e l e i-r-a. ■ Ah ja, Frau
Marteleira. Es tut mir leid, Herr Bachmann ist nicht da. ▲ Oh,
gut, danke. Auf Wiederhören. ■ Auf Wiederhören.

5 Martin: Vorname, Ludwig-Erhard-Str.: Straße, 20459: Post-
leitzahl, Hofer: Familienname, 10: Hausnummer, Hamburg:
Stadt

Test zu Lektion 2

1 a Wie ... <u>b</u> Woher ... <u>c</u> Wer ... <u>d</u> Wie viele .. e Wie ...
<u>f</u> Wie ...

2 a Er <u>b</u> Sie <u>c</u> Sie d Sie e Er

3 a ... meine ... <u>b</u> Mein ... <u>c</u> ... Meine ... <u>d</u> Meine ... e ... meine
... f Meine ...

4 *Musterlösung:* a Er wohnt in Berlin. <u>b</u> Wir haben drei Kinder.
<u>c</u> Du sprichst Türkisch. <u>d</u> Sie kommt aus Frankreich. e Ihr
seid geschieden.

5 a spricht – studiert – wohnt <u>b</u> sind – leben – haben – ist
c heißt – ist <u>d</u> bist – heißt e kommt – ist – ist

Test zu Lektion 3

1 a Salat <u>b</u> Salz <u>c</u> Bier d Schokolade e Wein f Dose

2 ... Becher ...; ... Gramm ...; ... Packung ...; ... Flaschen ...;
... Liter/Flasche ...

3 a ... Äpfel <u>b</u> ... Würste <u>c</u> ... Eier <u>d</u> ... Hähnchen e ... Kiwis
<u>f</u> ... Freunde g ... Männer <u>h</u> ... Schwestern <u>i</u> ... Kinder
<u>j</u> ... Großmütter

4 <u>a</u> Was ist das? <u>b</u> Bist du Boris? <u>c</u> Wie geht es Ihnen? <u>d</u> wer
bist du? e Sprechen Sie ...

5 Haben Sie Bananen? · Wie viel möchten Sie? · Wie viel
kostet ein Kilo (Orangen)? · Das ist alles.

Test zu Lektion 4

1 <u>a</u> das Schlafzimmer <u>b</u> das Bad <u>c</u> der Balkon <u>d</u> die Küche
e die Toilette f das Wohnzimmer

2 <u>a</u> teuer <u>b</u> klein c hässlich d dunkel e schmal f schön

3 a ... sind (zwei) Betten. Sie sind ... <u>b</u> ist ein Sofa. Es ist ...
<u>c</u> ... ist eine Lampe. Sie ist ... d ... sind (zwei) Tische. Sie sind
... e ... ist eine Waschmaschine. Sie ist ... f ... ist ein Schrank.

Er ist ... <u>g</u> ... ist ein Stuhl. Er ist ...

4 Sie brauchen: A ein Sofa und einen Esstisch → Anzeige 4:
0172-6177465; ein Regal, maximal 160 cm breit · → Anzeige
5: 0172-2169800; B ein Bett, maximal 120 cm breit →
Anzeige 7: 0173-4485609; einen Schrank · → Anzeige 3:
07623-318

Test zu Lektion 5

1 a Viertel nach sechs <u>b</u> halb eins <u>c</u> zwanzig nach fünf <u>d</u> fünf
nach halb zehn e Viertel vor elf f kurz nach zwei

2 a ... ruft ... an <u>b</u> ... sieht ... fern ... c ... kauft ... ein d ... gehen
spazieren e ... räumt ... auf f ... hört ... Musik

3 a Am ... <u>b</u> Am ... um ... <u>c</u> Um ... d Am ... e ... am ... f ... um ...
g In der ...

4 <u>a</u> ... frühstückt jeden Morgen um 8.30 Uhr <u>b</u> ... 12.30 Uhr
isst Robert Pizza <u>c</u> ... gehen am Wochenende ins Kino
<u>d</u> ... Nacht gehen Robert und Sofia spazieren e ... lernt
Robert Englisch

Test zu Lektion 6

1 <u>a</u> Nein, es ist nicht bewölkt. Die Sonne scheint. b Nein, es
regnet nicht. Es ist windig. <u>c</u> Nein, es ist nicht kalt. Es ist
warm. <u>d</u> Nein, die Sonne scheint nicht. Es regnet. e Nein, es
ist nicht warm. Es ist kalt.

2 <u>a</u> den – Der – Das · der · Den
<u>b</u> den – Der – das · Das · die

3 B – f; C – h; D – e; E – b; F · g; G · a; H · d

4 <u>a</u> ... liest ... <u>b</u> ... macht ... <u>c</u> ... fährt ... <u>d</u> ... grillt ... e ... schläft
... <u>f</u> ... trifft ... g ... tanzen ... <u>h</u> ... geht ... spazieren

Test zu Lektion 7

1 a ... will ... <u>b</u> ... will ... <u>c</u> ... können ... <u>d</u> ... kann ... e ... will ... <u>f</u>
Wollen ... g Kannst ... <u>h</u> ... willst ... <u>i</u> ... können ...
<u>j</u> ... wollen ...

2 habe ... gemacht; bin ... gegangen; haben ... geschrieben
gelesen; bin ... gefahren; ist ... gekommen; sind ... spazieren
gegangen; haben ... getroffen; haben ... gegessen · gehört;
getanzt; hat ... gemacht; habe ... geschlafen

3 <u>a</u> Wir machen Spiele. <u>b</u> Wir lesen. <u>c</u> Wir machen Übungen
am Computer. <u>d</u> Wir arbeiten viel in Gruppen. e Wir hören
und sprechen. f Wir lernen Grammatik. g Wir schreiben.